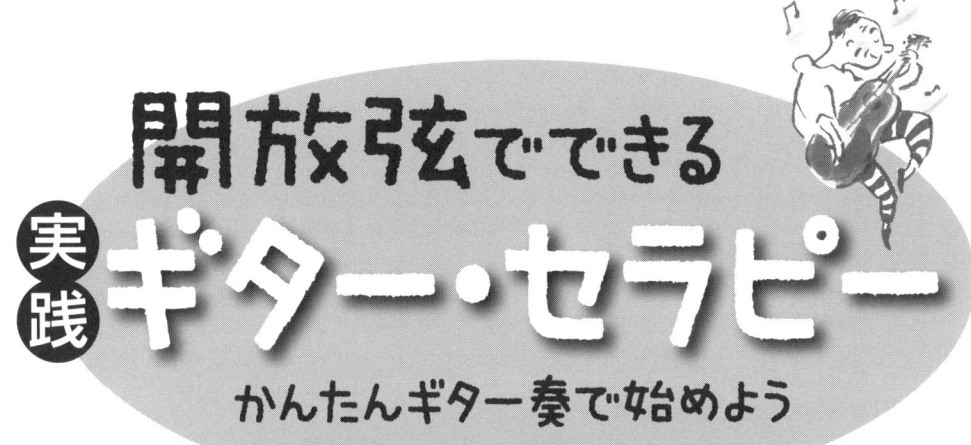

開放弦でできる
実践 ギター・セラピー
かんたんギター奏で始めよう

吉田 豊

ギター・セラピスト
日本音楽療法学会認定音楽療法士

あおぞら音楽社

CONTENTS

はじめに「かんたんギター奏の登場で、あちこちに変革が始まった」……………… 4
本書の活用のしかた ……………………… 6

Part A 「かんたんギター奏」入門

プレstep　はじめてギターを弾く人に
　　準備するものは？　楽器と備品 …… 8
　　ギターのしくみ　各部の名称 ……… 14

step ❶　チューニング──ＧＤ調弦
　　かんたんギター奏のチューニング …… 16

step ❷　フレットボード図と色コード
　　フレットボード図 ………………… 18
　　フレット略図 ……………………… 19
　　いきなり弾き語り ………………… 21
　　幸せなら手をたたこう …………… 21
　　ハッピー・バースデー …………… 22
　　ふるさと …………………………… 23

step ❸　タブ譜で弾こう　1弦法と2・3弦法
　　ポジション・マーク ……………… 24
　　タブ譜…弦・フレット番号・リズムを示す …… 25
　　かんたんソロ…１弦法 …………… 26
　　オー・ラリー(ラブミーテンダー) …… 27
　　ビッグベンの鐘 …………………… 28
　　かごめかごめ ……………………… 29
　　かんたんソロ…2・3弦法 ………… 30
　　かえるの合唱 ……………………… 30
　　きらきら星 ………………………… 31
　　禁じられた遊び …………………… 32

step ❹　色コードでかんたん弾き語り
　　「赤」・「青」・「黄」 ……………… 34
　　アルプス一万尺 …………………… 34
　　ストローク ………………………… 36
　　線路は続くよどこまでも ………… 37
　　「白」でマイナー・コード ………… 38
　　赤い靴 ……………………………… 38
　　「桃」「水」「緑」「茶」のコード …… 39
　　リズムパターン …………………… 40
　　細かいリズムを刻むストローク …… 40

step ❺　弾き語り名曲集 (1)
　　明日があるさ ……………………… 41
　　大きな古時計 ……………………… 42
　　君といつまでも …………………… 44
　　涙そうそう ………………………… 46
　　瀬戸の花嫁 ………………………… 48
　　北国の春 …………………………… 50

step ❻　カポタスト
　　キーとカポタストの位置 ………… 52
　　ゆうやけこやけ …………………… 53
　　四季の歌 …………………………… 54
　　高校三年生 ………………………… 55

step ❼　チューニング──ＤＡ調弦
　　DA調弦・GD調弦・レギュラー調弦の対応表　56
　　ジングルベル ……………………… 57
　　星影のワルツ ……………………… 59
　　上を向いて歩こう ………………… 60
　　かんたんコードと一般コードの対応表…… 61

step ❽　かんたんソロ──３・５弦法
　　かえるの合唱 ……………………… 62
　　ほたるこい ………………………… 63
　　さくらさくら ……………………… 64
　　アメージング・グレース ………… 65

step ❾　セーハを制覇
　　セーハ制覇への３つのステップ …… 66
　　セーハで３コード ………………… 67
　　きよしこの夜 ……………………… 67
　　色コードと数字コード対応表 …… 68
　　これは便利！「セーハアシスト」…… 69
　　セーハで名曲に挑戦
　　スペイン風 ………………………… 70
　　スモーク・オン・ザ・ウォーター …… 70
　　ミッション・イン・ポッシブル …… 71
　　いい湯だな ………………………… 72
　　一五一会・音来・奏生 …………… 73

step ⑩ 弾き語り名曲集 (2)

- 千の風になって ……………… 74
- バラが咲いた ………………… 75
- リンゴの唄 …………………… 76
- ともしび ……………………… 78
- カチューシャ ………………… 79
- 矢切の渡し …………………… 80
- 青い山脈 ……………………… 81
- 乾杯 …………………………… 82
- 昴 (すばる) …………………… 84
- 翼をください ………………… 85
- 川の流れのように …………… 86

step ⑪ 面白スケール

- 沖縄ペンタトニック ………… 89
- フレーズ沖縄 ………………… 89
- 「涙そうそう」のイントロ … 90
- Gマイナーペンタトニック … 90
- パイプライン ………………… 91
- Gドリアンのスケール ……… 92
- スカーボロ・フェア ………… 93

Part B 「ギター・セラピー」への活用　「かんたんギター奏」から「ギター・セラピー」へ

step ⑫ 抱えて鳴らすまでのひと工夫

- ギターは身にまとうもの …… 97
- 標準スタイルにこだわらない … 98
- 左手のポーズ ………………… 98
- 右手のピック ………………… 99

step ⑬ 「オープン奏」を味わおう

- 弾き語りをサポートする …… 100
- 二人三脚法 …………………… 100
- 横並び法 ……………………… 101
- ソロに挑戦 …………………… 102

step ⑭ 「オープン奏」のミュージシャン

- おしゃべりしよう …………… 104
- ○○ちゃんがやってきた …… 105
- まったりムードで …………… 105
- 困った困った ………………… 106
- ノリとムードを極めよう！ … 106
- ロックンロール ……………… 107
- ハウスミュージック風 ……… 108
- Jポップ風 …………………… 108
- 「ムード」たっぷり、「〜らしさ」を大事に 109
- シチリアーノ風 ……………… 109
- 沖縄風 ………………………… 110
- ブルース ……………………… 110
- ボサノヴァ風 ………………… 112
- 盆踊り風 ……………………… 113

step ⑮ バンドでライブしよう

- レジェンドキース ……………114
- 雨しゃんしゃん ………………118
- イン・ザ・ムード ……………121

step ⑯ ギター・セラピーとは

- 「ギター」と「セラピー」をつなぐもの…124
- 「かんたんギター奏」から「ギター・セラピー」へ ………………126
- ギター・セラピーの必要性 …128

おわりに ……………………………130

はじめに

「かんたんギター奏」の登場で、あちこちに変革が始まった

　ギターは、音楽のジャンルや世代を超えて大変人気が高い楽器なので、一度ならずやってみようと考えた人がたくさんいらっしゃるに違いありません。またテレビで観たりCDで聴いたりするだけではなく、間近に見聞きし、手に取ってさわったりする機会が多いのもギターの特徴で、やってみるチャンスに恵まれやすい身近な楽器とも言えます。

　とは言うものの、指の短さや握力の弱さを思えば、弾きこなすのは難しかろうと、敬遠せざるを得なかった方もまた少なくないのでしょう。そうです。ギターを弾くのは、まして弾きこなして楽しめるようになるには難しい、と誰もが考えてしまうのです。

　ギターは6本も弦があって、本当に豊かな響きを持っています。その6本の弦を何も押さえない**開放弦のままで弾くのであれば、難しいギターが一気に簡単な楽器に早変わり**します。

　ここに紹介する「かんたんギター奏」では、チューニングをわずかに変えただけで、開放弦のままでさまざまな音楽活動が展開できます。また開放弦を思いっきり活かした手法で、ごくごく簡単に弾き語りやソロができてしまいます。文字通り"目からウロコ"のようなことが起こるのです。ですからかんたんギター奏を使えば、これまでギターにさわったことのない人やかつてチャレンジしたけれど挫折したという人も、トレーニングらしいこともないまますぐに曲が弾けるというわけです。

　使うのはチューニングを工夫したごく普通のギターです。**6弦すべてをGとDにしてしまうこのチューニング（GD調弦）によって、簡単ながら実に多様な演奏が可能になりました**。懐（ふところ）に響くギターサウンドは、もちろん本物そのものです。

　ギターでは変則チューニングを多用するミュージシャンもいて、曲ごとに少しずつチューニングを変えることもあります。ですが、それはプロのギタリストが新鮮な響きを追求した結果であって、ギターを誰にでも簡単に弾けるようにしようというわけではありません。

　僕の**願いは「誰もがギターを弾く歓びを味わう」**ことで、その結果たどりついたのがGD調弦でした。試行錯誤の結果、本書ではじめて世に問うことになった**「かんたんギター奏」という一つのシステム**が出来上がりました。

　かんたんギター奏の登場によって、あちこちで画期的な"変革"が起こり始めました。
　例えば、高校の音楽でギター奏に充てられる時間はごくわずかです。「面倒くさい」、「むずかし

い」、ということで音楽の授業でギターの魅力にたどり着けるはずもないのですが、このかんたんギター奏を取り入れた先生から、生徒たちがイキイキとギターを弾いたという報告を受けました。

また当然、これまでギターを弾くことなど思いもよらなかった人たちにも、ギタリストへの道が開かれるようになります。音楽療法や障がい児教育、あるいはさまざまなリハビリテーション領域の活動にもこのかんたんギター奏が徐々に導入され始めています。

それまで楽器活動としては太鼓などパーカッションを楽しむだけであった人たちが、**自らギターを抱えると、スタンドプレイで周りをあおらんばかりに激しくかき鳴らしたり、時にうつむき加減でいつくしむように爪弾いたりする姿**が生まれてきたのです。さらにこれまで楽器や音楽に積極的な関心を示したことのない人までが、自分からギターを弾き始める場面もたくさんありました。こうしたギターとの出会いは、文字通り**全身で音楽する歓び**の表現を生み出していきました。

この時、周りからは必ずと言ってよいほど、携帯カメラが向けられ、「○○さんがギターが弾けている！」という驚きにも満ちた称賛のまなざしが注がれるようになったのです。他の楽器の時はそれほどでもなかったのに何故か。答は簡単、**ギターを弾く姿は実にカッコいい**のです。

かんたんギター奏によってもたらされたこうした自然発生的なエピソードの一つ一つは、恐らくこれまでは誰も真剣に考えたことのなかった"**ギター・セラピー**"の発想につながります。

弾けるわけもないから何とも思わなかったギターが、抱えてみたら心に響く。ギターを弾くと同時に自分の心が鳴り始めたのです。自分でも気づかなかった人を含めて、**みんなギターが弾きたかったんだ**、僕はそう実感しています。

本書では、かんたんギター奏の入門として、色コードのようにごく簡単な指遣いで弾き語りができたり、単音のメロディーを弾けばそのままソロ演奏になったりする方法など（Part A）を図と多彩な曲を使って楽譜でわかりやすく説明しました。

もっと簡単な、何も押さえない開放弦を鳴らすだけでピアノと合わせて即興的に演奏を楽しめる方法（Part B）もあります。これも、すぐにでも実際に演奏できる曲例によって提示しました。いずれも解説はギター経験のない人を念頭において説明してあります。

さあそれでは、「かんたんギター奏」から「ギター・セラピー」へのご案内を始めましょう。

吉田　豊

本書の活用の仕方

　音楽活動のリーダーでギターに不慣れな方は、まずは Part A で、かんたんギター奏の手応えをつかんでください。そうすれば、さまざまな対象の方々、たとえば知的障がいはもちろん、中途障がいのリハビリテーション、介護予防、高齢者デイサービスの現場、あるいは精神科デイケアでの歌唱活動、また特別支援学校・学級の教育現場などで、自らギターを弾き、さらに対象者のみなさん自身がギターを弾く橋渡しをしていただけると思います。

　一応ステップを踏んでいただくような構成になっていますが、この順番通りに進まなくてもかまいません。

　対象者の方々は実にさまざまです。ギターのどこをどのように、どのタイミングで押さえるかなどの指示や説明は通らないこともたくさんあります。**このような方も Part B の開放弦だけで演奏するオープン奏の活動ならすぐに取り組めます。**左手指で弦を押さえることはせずに、ジャランジャランと開放弦をストロークするだけで、回を重ねるにつれ、表現は深まり、演奏内容が高まっていきます。**この時、音楽リーダーがピアノで支えたり応じたりするか、あるいはピアノを弾ける人とペアで取り組むとよいでしょう。**

　また、たとえ高齢者や障がいのある人であっても、少しずつ練習して上達することを楽しめる人であれば、Part A を順々にこなしていけるでしょう。どんどん弾ける曲を増やしていってもよいし、このかんたんギター奏をきっかけに、やがてレギュラー調弦による普通のギター奏に進むことも決して夢ではありません。

　ギターに慣れた方なら、チューニング方法を確認したうえで、さまざまな現場にかんたんギターをどんどん持ち込んでください。掲載曲のほとんどすべてにコードネームが記してありますので、ピアノでなくても普通のギターのコード伴奏でも支えていただけます。

　色コードや数字コードと**通常のコードとの対応関係は一覧表** (p.51、p.56、p.61、p.68) でまとめてありますので、掲載以外の曲もどんどん取り入れていただけるでしょう。また、面白スケールなど GD チューニングを体験することで、これまで気づかなかったギター奏の魅力を再発見していただけるものと思います。

　ギター・セラピーという耳慣れない言葉も使いました。おそらく世界で初めてのギター・セラピーという書名の本ですが、自らギターを抱えて弾くこと自体が、そしてそこから生まれてくる周囲の人々との相互作用が、大いなるセラピーのプロセスそのものであることを確信しています。どうぞご一緒ください。

Part A

「かんたんギター奏」入門

はじめてギターを弾く人に

❶ 準備するものは？　楽器と備品

ギターに慣れた方は、step 1「チューニング(1)―GD調弦」から読んでいただければ結構です。

ギターと演奏に必要な備品について説明します。

◎ **ギター**（選び方は後述）
◎ **備品**
1. **弦**（取り替え用）
2. **カポタスト**
   （移調に使う）
3. **チューナー**
   （初心者には必需品）
4. **ストラップ**
   （ギターを肩からかける）
5. **ピック**
   （弦をかき鳴らす爪）
6. **ギタースタンド**
   （楽器の保護上必要）

●写真1　クラシックギター（左）とフォークギター（右）
右がフォーク、左がクラシック。クラシックはネック（棹）が太くて短い。フォークにはサイズもいろいろあるが、全体的にクラシックの方がやや小ぶり。通常スチール弦のフォークと、ナイロン弦のクラシックは響きも異なる。

ギター　お勧めはアコギ

　特別なギターが必要なわけではありません。フォーク、クラシック、エレキ、何でもOKです。かき鳴らした弦の振動をダイレクトに感じ、懐に響くギターサウンドを楽しみ味わうという点では、アコースティックギター（エレキでないもの）をお勧めしたいところです。
　エレキに対して、アコースティックギターを略してアコギと言います。**アコギは大まかに「クラシック」と「フォーク」に分類できます。**

「クラシック」vs.「フォーク」、どう違うの？

一般的にはクラシックのほうがフォークより小ぶりです。ただし、肩からギターを下げるストラップ（肩かけの帯）を留める金具がクラシックには付いていないものが多く、初心者にとっては抱えづらいかもしれません（楽器屋さんに頼めば付けてもらえます。自分で取り付けるのはギターを傷めるリスクが大きい）。障がい者や高齢者にギターを導入する場合「持ちやすい」「抱えやすい」ことは、配慮すべき重要なポイントとなります。

その他の特徴として、クラシックはフォークよりネック（棹）が太目で短い（写真1）。また弦はナイロン弦でソフトですが、フォークのスチール弦の響き方に比べて音量では少しもの足りないかもしれません。

音色の違いも含めて、どっちが気に入りそうか、なるべく好きな方を選んで弾いてください。好みはともかく自分の手近にあるものはどれかということで、決まることも多いかもしれませんね。

ギターの選び方 ひとくち memo

「エレキ」はどう？

エレキでも「かんたんギター奏」に取り組めます。音量を必要に応じてコントロールできる点でエレキは大変便利です。でもエレキはとてもとても重いので、慣れない人にとって、覚悟がいるように思います。エレキでも小さいサイズのものはかなり手軽ですが、小型のギターはチューニングが不安定な場合が少なくありません。

最近聞く「エレアコ」って？

（メーカーによっては「エレアコ」と呼んだり呼ばなかったりします。）

アコースティックギターなのに、アンプにもつなげるマイクを内蔵したタイプで、アコギとエレキの両方の特性を持っています。重さもちょうど中間くらいです。以前はエレアコと言えばほとんどフォークでしたが、この頃はガット弦のエレガットギターなど、クラシックに近いものも出回っています。

アンプをつながない状態での生鳴りの音は、音量が小さいことが多いのですが、生鳴り音がかなり大きいエレアコもあります。

「ミニギター」可愛い！

アウトドア派の人が手軽に持ち運びしやすい変形ギターや小型のギターも出回っています。手軽さが売りで、値段のかなり安いものがあります。また、エレキにもアンプを内蔵した小型のものがあり、これも値段は手ごろです。

小型のギターは持ち運びに便利ですが、変形のギターの難点は、少々抱えづらいことです。

さらに問題なのは、小型ギターは、弦を緩めて使うことを想定していないので、かんたんギター奏のチューニングに向いていないという点です。それでもミニギターが身体的にぴったりくるので使いたいという人には、STEP 1で説明する「GD調弦」で次のような工夫をすると良いでしょう。

かんたんギター奏では、通常より少し弦をゆるめて、すべての弦をGとDにする「GD調弦」を使うのですが、この時もし音程が安定しないようであれば、各弦とも全音ずつ高く、つまりGをAに、DをEにチューニングして演奏すると、比較的安定して使えます。ただし、使用後はその都度、少し弦をゆるめておく方が、ネックのそりを予防する上で無難です。

弦　お勧めはライトゲージ

　初心者に弦の交換は難しいので、手慣れた人の協力を得るか、楽器店さんに相談しましょう。
　弦は、クラシック、フォーク、エレキそれぞれに専用のものがあります。クラシックにはガットとかナイロンの弦を使いますし、フォークにはスチールの弦です。当然音色も違いますが、太さも長さも違います。クラシックギターにフォークの弦を張ることは通常できませんし、仮にできたとしてもお勧めできることはありません。
　フォークギターの弦には、太くて固い方から順に、ヘビーゲージ、ミディアムゲージ、ライトゲージ、エクストラライトゲージなどの種類があります（メーカーによって呼び名が多少違っています）。標準的にはライトゲージがオススメ。

カポタスト　クラシックとフォークでは形状が違う

　カポタスト（通称カポ）は、同じフォームのまま、曲のキーを変えることのできる便利な道具です。歌う人の声に合わせて伴奏のキーを少し上げる時には欠かせません（でもキーを下げることはできません）。
　エレキの人はあまりカポを使いませんが、フォークギターでは必需品と言ってよいでしょう。
　ネックの幅が広く表面が水平なクラシックと、それより少し幅が狭く、わずかに湾曲するネックのフォークがあるように、カポタストもこれに合わせてクラシック用とフォーク用で若干形状が異なりますので注意してください（図1）。
　カポタストは要するに6弦全部を同時に押さえ込む道具ですが(図2)、その方式にも、バネ式、ネジ式、ゴム製などさまざまなタイプがあります。使い勝手や耐久性などの点で、結局は3,000円程度のものからが安心です。
　お店にいろいろ並んで迷う場合は、店員さんに相談するのが一番。その時、ギターの実物があればいいけど、言葉で説明する場合は、クラシックかフォークの区別は必ずしてください。それと割と小ぶりなのか、大きいのか、普通のサイズなのかも頭に入れておいて伝えましょう。

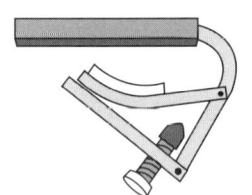 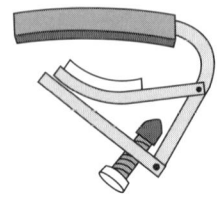

●図1　カポタスト　クラシック用(左)とフォーク用(右)

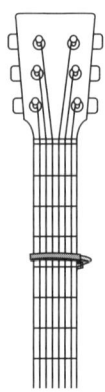

●図2　カポタストを装着したところ

チューナー　セッション中でも気軽に調弦

　次にチューニング(調弦)です。音叉、ピッチパイプ、ピアノで合わせる方法もありますが、耳に自信のある人はともかく、一般的には断然チューニングメーター（通称チューナー）で合わせることをオススメします。

　かんたんギター奏では「GD調弦」(p.16)という変則的なチューニングを行うため、演奏中でも狂うことがあり、こまめにチューニングをチェックしてほしいので、チューナーは必需品と考えてください。基準ピッチは442Hzに設定しておくのが無難でしょう。

　半音ごとに音を識別して表示するクロマチックのタイプと、普通のギターに必要な6つの音だけを表示するタイプのものがあります。耳のいい人はギターの6音用でも十分でしょうけれど、半音ごと確かめるほうが安心です。僕は後者を愛用しています。

　静かなところでチューニングできればよいのですが、セッション中に狂った弦を調整しなければならない時は、ギターのヘッドに直接取り付けられるクリップタイプのチューナーが便利です（写真2a　他の雑音を拾うことがないので）。

　同様に雑音を排除するためには、チューナーとギターを直接ケーブルでつなげるマイクも市販されていて、これは非常に便利です(写真2b)。

　チューナーは1,500円くらいからありますが、安心なのは3,000円くらいからでしょう。

低い

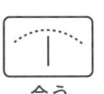
高い

合う

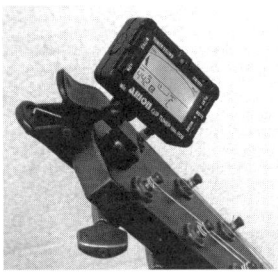
●写真2a　ギターのヘッドに挟んで使う手軽なクリップ式チューナー

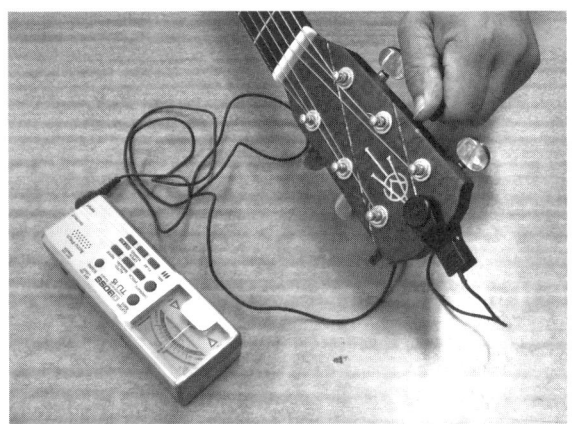
●写真2b　チューナーとギターを直接ケーブルで結ぶマイク

ストラップ　カッコよく抱えるためにも使おう

　最初のうちは身体にギターのボディがなるべくぴったり来るように、ストラップの長さを調節してください。両端をギターのボディの2箇所に付けられた金具（ピン）にひっかけるタイプ(写真3a)や、一方の端をネックの糸巻きの部分に紐でくくりつけるタイプ(写真3b)もあります。

またストラップには、帯をスライドさせ、長さを無段階で調節できるタイプと、一定幅で段階的に決めるものがあります。いろいろな人が弾くこと考えると、前者のタイプがオススメ。
　ストラップなしで練習を始め、ある程度ギターに慣れてから使い勝手の良いストラップを選ぶのもよいと思います。ただし、高齢者や障がいのある人には、はじめからストラップを用いましょう。

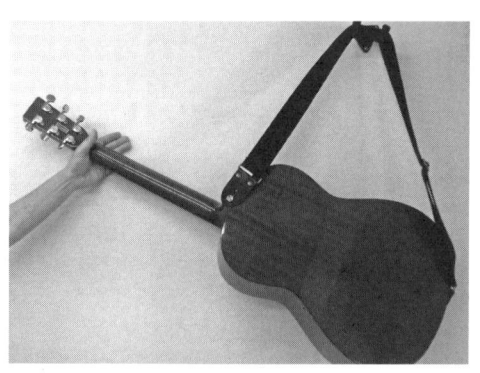

●写真3a　ピンにひっかけるタイプ

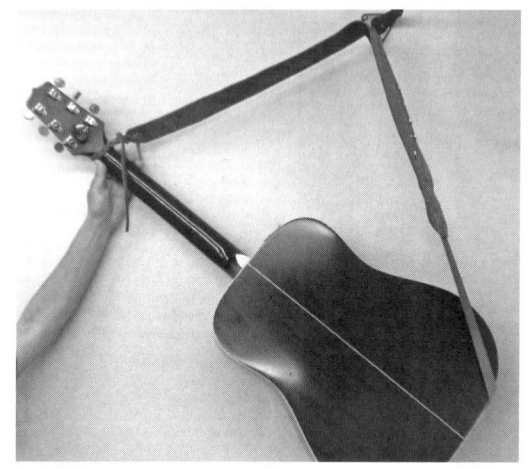

●写真3b　紐でくくりつけるタイプ

ピック　硬・軟で音色が違う

　ギターを弾く時、指の腹あるいは爪を引っかけて弦をはじく感触、またそこから紡ぎだされる柔らかい音色も素晴らしい。しかし、音のボリュームや周りへの拡がりという点ではピックを使う方がいい。

　ピックは100円くらいで売っていて、おにぎり型(トライアングル型)のものや、もう少し小さめの涙の形(ティアドロップ型)をしたものが一般的。

　ピックで大事なのは、硬度(材質による)。硬いか柔らかいかで微妙に音色に影響するし、使い勝手も変わってくる。初めのうちは柔らかいのを使って、いろいろ試してみてください。

　弦との相性もあって、太めの弦なら硬めのピック、細めの弦やナイロン弦なら柔らかいピックということになります。

ティアドロップ型　　トライアングル型
　　　　　　　　　　（おにぎり型）

●図3　ピックのいろいろ

●写真4　小さなピックをつかみづらい人にも使いやすいおしゃもじピック(p.99参照)

ギタースタンド　楽器をすぐ手に取れる状態に

弾いていてギターが壊れることはまずありません（弦が切れることはしばしばあっても）。ギターが壊れるのは置いてある時、そして運ぶ時です。なるべく安全で、すぐ取り出したり置いたりできるという点で、ギタースタンドは重要アイテムです。

ギターのケースは移動には必需品ですが、保管には向きません。ケースにしまい込むと湿気やカビなどのトラブルも起こりやすくなります。

ギタースタンドに立てかけるか、壁に取り付けたハンガー（ギターフック）にかけておくのがベストです。立てるにせよ寝かせるにせよ、いずれにしてもすぐ手に取れる状態にしておきましょう。

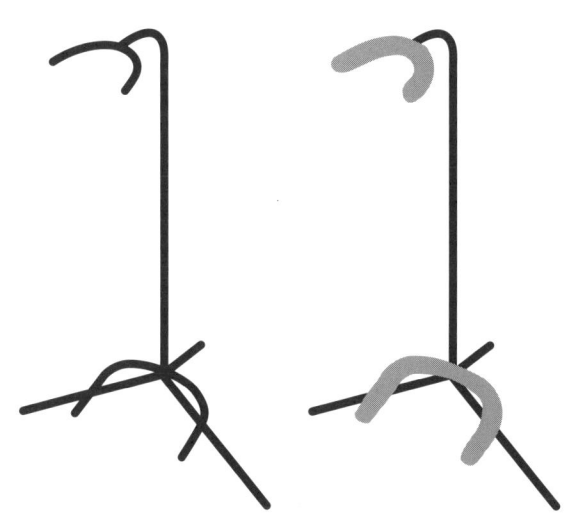

●写真5　ギターフック　ここにヘッド部分を引っかける

●図4　ギタースタンド　ここに立てかける　　ギターの塗装を傷つけないために、布でカバーする場合もある

ひとくち memo — ギターを買うとすれば

　ギターは値段のことだけで言えば、最近は10,000円以下のものも珍しくなく、5,000円以下の安いものもあります。かんたんギターをとりあえず始めてみよう、という人にはこれでも良いでしょう。しかし値段が安い楽器はチューニング（調弦）が安定しないことが多いので大変気になります。かんたんギター奏では通常のチューニングよりも弦を緩めて使うということもあって、チューニングがきっちり合わせられることが前提となります。

　値段的には、30,000円くらいからだと安心です。フォークにするかクラシックにするかはそれぞれに特徴があり、迷いどころです。

　新品のギターを購入する場合、ケースやカポタスト、チューナーやストラップなどの小物も含めると、少なくとも、**30,000円から35,000円くらいの予算が必要になるでしょう。**

❷ ギターのしくみ　各部の名前

どんなギターでも、胴体(ボディ)に棹（ネック）があって弦（いと）が張られている基本の構造は変わりません。

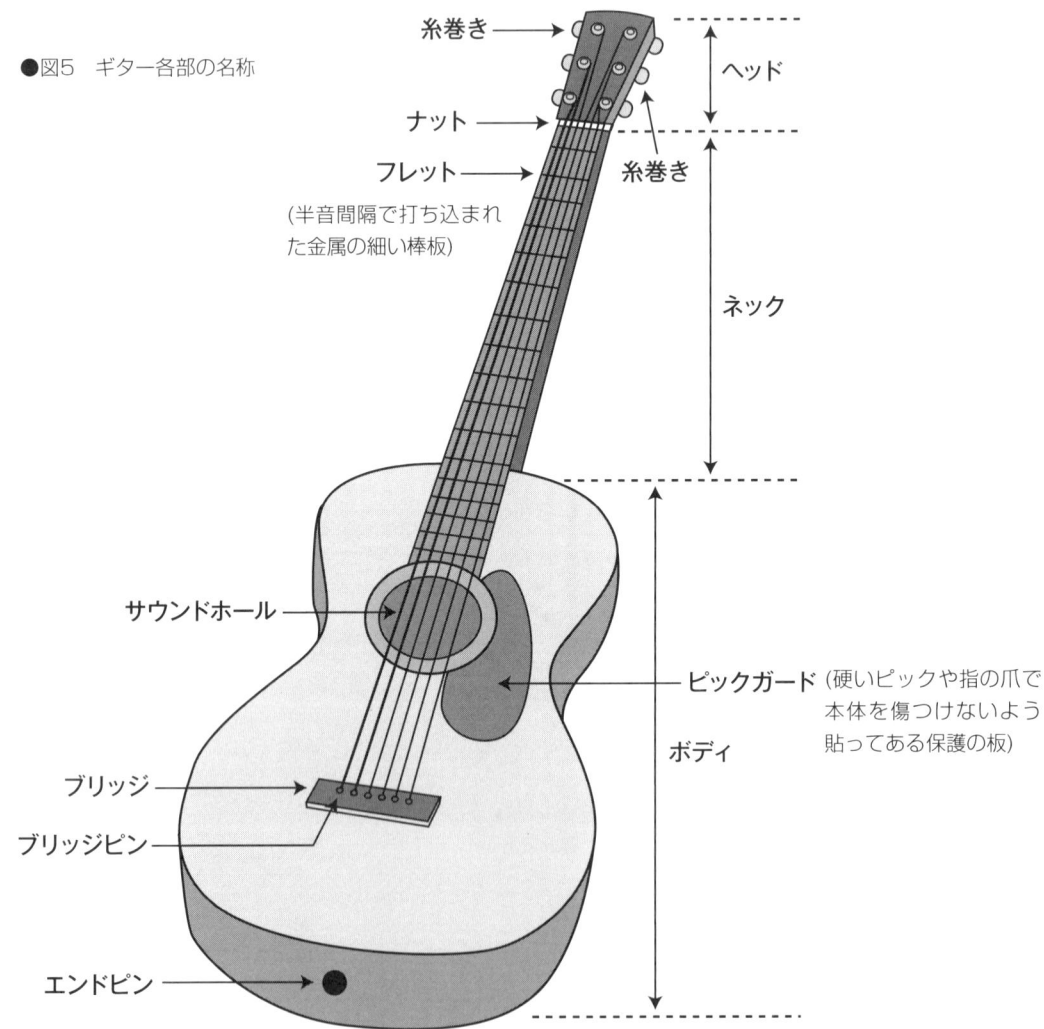

●図5　ギター各部の名称

- 糸巻き
- ヘッド
- ナット
- フレット（半音間隔で打ち込まれた金属の細い棒板）
- 糸巻き
- ネック
- サウンドホール
- ピックガード（硬いピックや指の爪で本体を傷つけないよう貼ってある保護の板）
- ボディ
- ブリッジ
- ブリッジピン
- エンドピン

ヘッド：弦の張り具合を調節する糸巻きがついている。

ネック：フレットという半音ごとに打ち込まれた金属製の仕切りがあって、ここを指で押さえることによって、音の高さがいろいろに変わる。

ボディ：ここが共鳴体となることで、弦の振動をギターサウンドとして響かせる。音が入り拡がっていく穴（共鳴孔、サウンドホールと言う。エレキにはない）と弦の端を固定するブリッジがある。

弦：ギターの発音体。6本張られている。

要するに、ネックとボディがあり、ボディに弦を固定する部分がブリッジ、弦の張り具合を調整するのが糸巻きです。ネックはフレットで区切られていてここを指で押さえること（押弦）によって、音の高さ（音程）が決まります。

細かい部分の名前は、おいおい頭に入るでしょうから、今のところは、ギターの形を思い浮かべて、頭（ヘッド）に長い首（ネック）があって胴体（ボディ）がつながっている、という相当メタボな体型(笑)をイメージしておいてください。ギターには足がついていないので、自分で立つことはできない。ギタースタンドが要るわけです。

ギターには6本の弦が張られていて、細い方から順に

1弦、2弦、3弦、4弦、5弦、6弦

高音 ――――――――――→ 低音

右利きの人が普通に抱えた時、下の方からが1弦、
ギターを立てた時は向かって右からが1弦となります

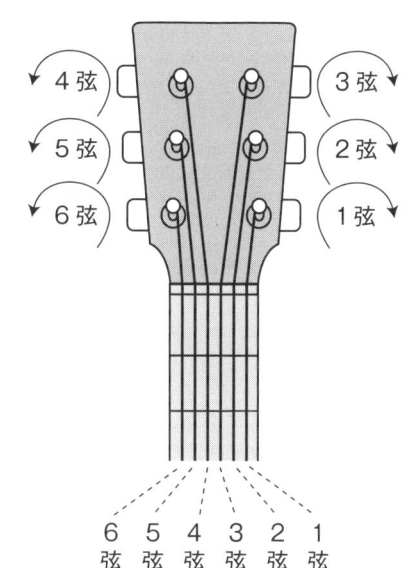

●図6　弦と糸巻きの対応

6本の弦はヘッドにある6個の糸巻きで別々に巻き上げられ引っ張られるようになっています。

音の高さを上げたい時は巻き上げ、下げたい時は緩めます。この引っ張り具合をテンションと言いますが、音がちょうど良い高さになるように、糸巻きを回しながらテンションを調節するのがチューニングです。

図で示したように、各弦は決まった糸巻きと対応していて、また巻き上げる方向も、下から引っ張る方向にねじを回します。

ギターに慣れていない人も、フレットという専門用語だけは、ここで覚えておいてください。ネックにある仕切りです。

見て、さわって！

ぜひともギターの実物を眺めながら読んでください。
ギターは見れば見るほど、さわりたくなるもんです。
で、さわってるうちに、どうやって音が生まれてくるのか、
逆にどうなると音が響かないのかも自然に頭に入ってくるでしょう。
何度も何度も、たくさんさわることが上達への王道ですね。

step 1

チューニング (1) ―GD調弦

1 「かんたんギター奏」のチューニング

チューナーも使い慣れないと、どこで合わせてよいのか、よく分からないことが起こりがちです。機械ごとにレベルの針のふれ方やデジタル表示の文字の変わり具合にクセがあります。面倒がらずにしょっちゅうチューニングをしていると、そのうちにコツがわかってきます。

それでは早速、下の表や譜を見てチューニングしてみよう。

	6弦	5弦	4弦	3弦	2弦	1弦
GD 調弦	D	G	D	G	G	D
レギュラー調弦	E	A	D	G	B	E

（GやCというと、すぐコード（和音）をイメージしてしまうかもしれないが、この場合は、単音を意味する。）

GD 調弦（本書で扱う「かんたんギター奏」のチューニング）

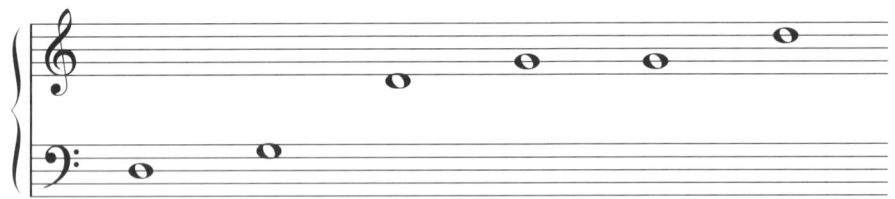

レギュラー調弦（一般的なギターのチューニング）

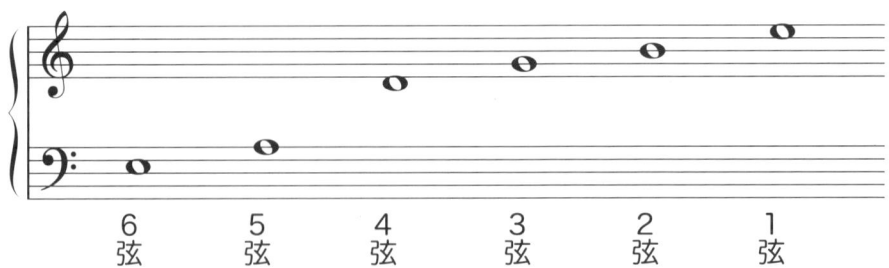

（2つの音の高さの間隔を「音程」と言います。音程は普通、度数で言い表しますので、同じ音の場合は1度、ドとレとかミとファのように隣り合う音は2度、同じような要領で3、4、5、6、7度と音程が開いていき8度までいくと一巡し、音名はドに戻り、音高は初めのドより1オクターブ高いドになります。それより上は、9度、10度のように数えます。）

かんたんギター奏のGD調弦では、レギュラー調弦と比べた場合、**3弦と4弦はそのままで、その他の弦を少しゆるめて使います。**

●写真6　チューニング中

新しいギターと違って古いギターでは、弦と糸巻きの対応がばらばらだったり巻く方向が違ったりすることがありますので、1本1本どこをどの方向に回せばテンションが調節できるのかをよく確かめてください。

隣り合う弦同士で音を確かめる場合は、以下のようになります。

```
6弦の5フレット＝5弦(開放)
5弦の7フレット＝4弦(開放)
4弦の5フレット＝3弦(開放)
3弦(開放)　　 ＝2弦(開放)
2弦の7フレット＝1弦(開放)
```

実は、このチューニング方法に「かんたんギター奏」を成り立たせている秘密があります！

これで、GD調弦のギターが出来ました。
かんたんギター奏では6弦全部を「G(ソ)」または「D(レ)」に合わせます。
それで「GD調弦」または「GDチューニング」と呼んでいます。
ただしかんたんギター奏ではGD調弦以外に、たとえば「DA調弦」(p.56)も使います。

お助けギタリストを見つけよう

「チューニング」はギターを弾く前の必須の作業です。全くの初心者にとっては、チューニング自体が、チューニングの整ったギターで弾き語りするよりもよっぽど難しい。「習うより慣れろ」なんですけど、やっぱり手伝ってくれる人がいるとありがたいですよね。

ですので、これからこの本で「かんたんギター奏」を練習する人は、誰かギターに慣れた人を見つけておきましょう。その人にチューニングや弦の交換を手伝ってもらう代わりに、あなたはかんたんギターの手法を教えてあげればいい。

僕がそばにいたら、いつでもお手伝いいたしますよ。

step 2

フレットボード図と色コード

① フレットボード図　押さえる場所を示す地図

　ギターのネックには、フレットという仕切りがあります。
　ちょうど6本の弦と直角に交差していて、それをそのまま格子の図形にしたのが、フレットボード図です（ダイヤグラムとも呼ぶ）。

　メロディーの五線の上に、コードネームとこの図がある楽譜をよく目にしますね。指でコードフォームを作る時、フレットを押さえる位置を示す地図と考えてください。ギターの練習にフレットボード図は欠かせません。僕自身も五線譜よりフレットボード図を頼りにしてギターを弾いてきました。
　まず次のフレットボード図を見て、**3つの「コードフォーム」**を覚えてください。これだけでもたくさんの曲の弾き語りができます。
　このコードフォームを覚えやすいように各コードに色の名前をつけ、ギターにも色のシールを貼ります。**「かんたん弾き語り用の色コード」**です。

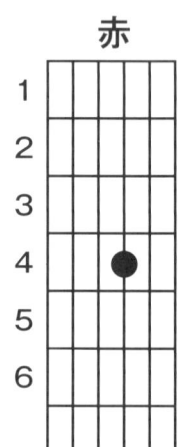
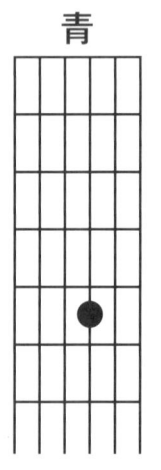
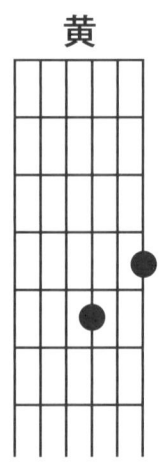

タテの線は弦
ヨコの線はフレットの区切り、
左側の数字はフレット番号

（フレット番号は実際のギターにはついていませんが、番号シールを貼ります。p.24参照）

（3弦・4フレット）に「赤」　（3弦・5フレット）に「青」　（3弦・5フレット）と（1弦・4フレット）に「黄」

●図7　GDチューニング：代表的な3つの「色コード」

　それぞれのコードフォーム「赤」・「青」・「黄」の名前に合わせて、ギターのフレットにその色のシールを貼り、フォームを覚えましょう。

色シールをうまく貼るコツ

この本の最初のページに「8色シール（かんたんギター奏コードフォーム用）」というシートが綴じ込まれています。8色の帯には、○の形が繰り抜いてあり、それを剥がしてシールとして使います。

　1）○形シールの裏の粘着面の端を、図のようにカッターの刃先にくっつけて乗せます。
　2）弦とネック板のあいだから水平にカッターを挿し込み、所定位置にシールを置きます。
　3）弦と弦の間からそっと指でシールを押さえ、定着させます。

（＊習熟度が進むにつれて1個のフレットの中に2色のシールを隣接させ貼り足すので、はじめのシールはフレットの真ん中よりもやや上部（ヘッド寄り）に貼ってください）。

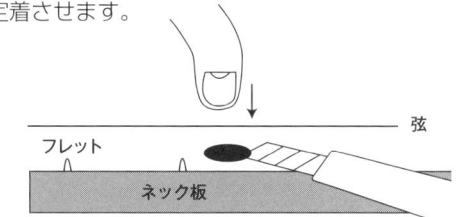

●図8　カッターの刃が、弦やネック板にさわらないように！

代表3色のフォームを指で覚えよう

　まず、中指で「赤」を押さえる。
　次に「赤」を1個下に移動させた位置が「青」。
　この「青」に加えて人差し指で（1弦・4フレット）を押さえると「黄」の出来あがり。

　シールを目印にすれば、いちいちフレットを数えなくても、「赤」を基準に「青」や「黄」へのフォームへとすぐ移動できます。でも慣れたら、目をつぶっていてもそれができるように。この3つの基本フォームをしっかり指で覚えておきましょう。

❷ フレット略図　本書の楽譜にはこれを表示

　もう一度、p.18のフレットボード図を見てください。
　ヘッドに近い第1・第2・第3フレットは、何も押さえないフレットばかりです。
　そこで本書では、空白の第1・第2フレットを省略し、第3フレットから始まる図を主として使うことにします。
　パターンの「青」と「黄」も同様に省略の図を使います。すっきりと覚えやすくなります。

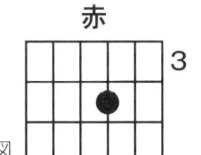
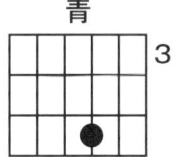
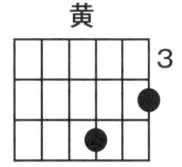

●図9　フレットボード図

右の数字はフレット番号を示しています。3から始まっているのは、第1フレットと第2フレットは空白、つまり何も押さえないということを意味しています。

　この右の数字がなければ第1フレットから数えるということを意味し、一般的にはわざわざ1の数字を表示しませんが、この本では第1フレットから始まる図が時々登場します。注意を促すために、全フレット図に必ず1か3の数字を入れてあります。

　この「赤」「青」「黄」の3つのコードフォームを何度も行き来させていれば、指が自然に位置を覚えて、伴奏がスムーズにできるようになります。早速練習しましょう。

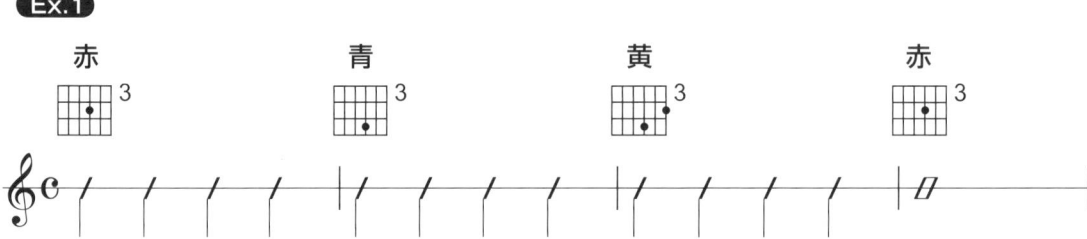

　初めのうちは、指とフレットの色シールを見て、いちいち確認したくなるかもしれませんが、そのうちに自然に指がそこへ行き、ブラインド・タッチができるようになります。

Part A 「かんたんギター奏」入門

③ いきなり弾き語り　色コードフォームを使って

まず、おなじみの曲からやってみましょう。

《 幸せなら手をたたこう 》

右手のリズム・パターンは

| ジャン・ジャン・ジャン・ジャン | ジャン・ジャン・ジャア〜ン |

という感じで。

これを一つのパターンとして繰り返す。

始めはゆっくりと歌いながら演奏し、慣れてきたら少しずつテンポを上げていく。

step 2 フレットボード図と色コード

日本語詞　木村利人
アメリカ民謡

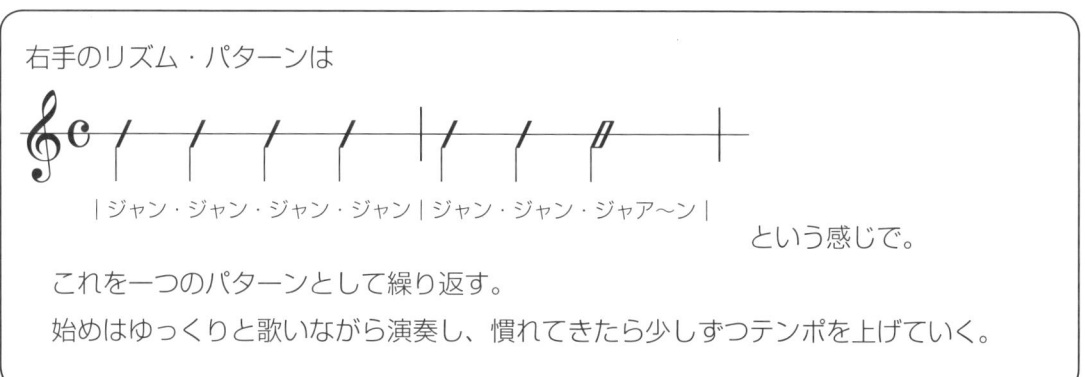

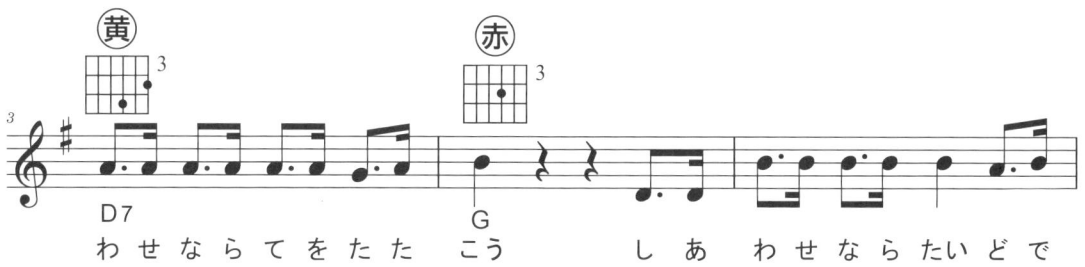

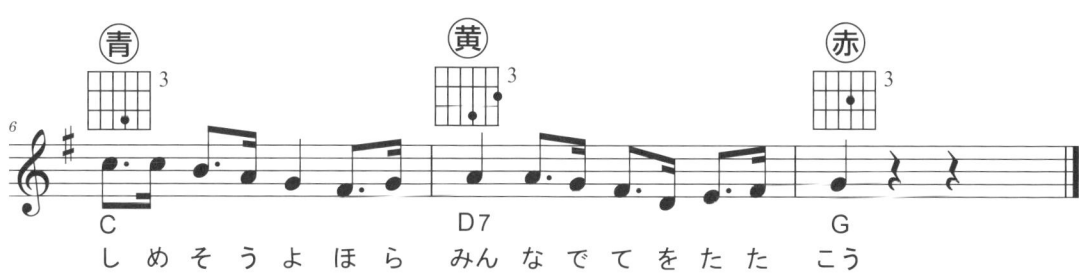

《 ハッピー・バースデー 》

お誕生日の定番曲ですね。
みんなで歌う時、ぜひギターを持ち出してやってみましょう。

みんなが歌う雰囲気はいろいろなので、テンポやリズムもその時のその場に合わせる。
右手のストロークも、その場の空気で自然に動くようにやればよい。
3拍子のリズムで書いてあるけど、楽譜通りにこだわることはない。
この歌を歌う時はハッピーなので、ずれたりはみ出しても気にせず、楽しい雰囲気を出すのが伴奏の役目。

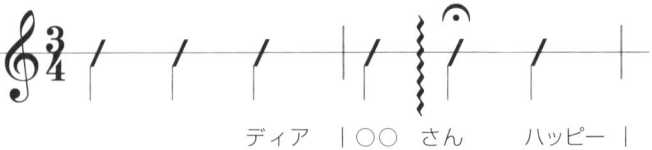

「ディア○○さん」のところでは、低音弦から順に（上から）ゆっくりと、アルペジオ風に弾き下ろしていく。

作詞・作曲　ヒル兄弟

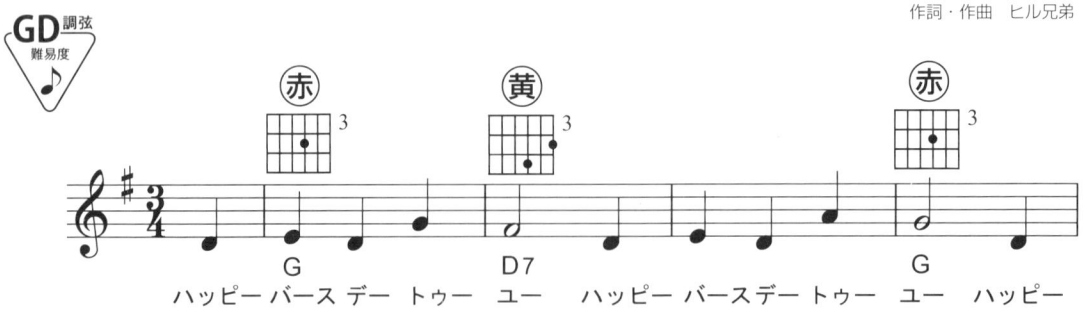

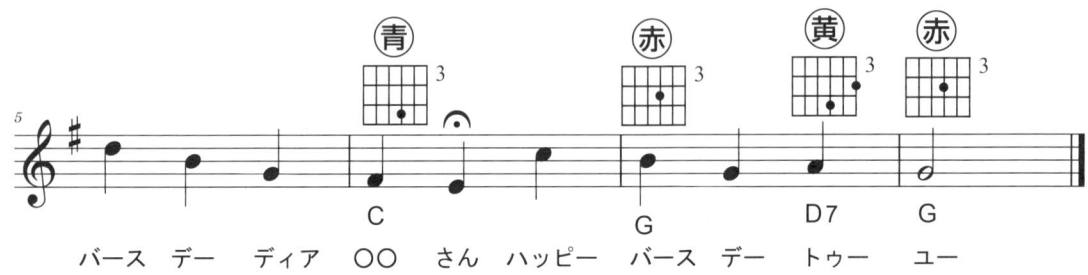

((ふるさと))

「赤」・「青」・「黄」のコードフォームと伴奏パターンに少し慣れてきたと思います。気持ちよく、ゆったりと弾き語りをしてください。

> 右手のリズムは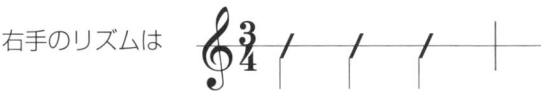
>
> なるべく軽快に弾く。そのためには6弦のうち真ん中(第4弦・第3弦あたり)を狙って軽く振り下ろす感じ。一般的にはギターのすべての弦をクリアに響かせるのは大変ですが、弾き語りの場合は、一つ一つの音の良しあしよりは、リズムにのって流れていくところが大事ですから、細かいところをあんまり気にしない、ということも大事。
> フレットを押さえるはずの弦が隣の弦に当たってしまうのもありがちなことで、音がかすれたりもしますが、それも味です。

作詞 高野辰之
作曲 岡野貞一

GD調弦 難易度 ♪

赤 G 黄 D 赤 G 赤 G
うさぎおいし かのやま

青 C 赤 G 黄 D7 赤 G
こぶなつりし かのかわ

黄 D 赤 G 青 C 赤 G
ゆーめは いーまも めーぐーりーて

赤 G 赤 G 青 C 黄 D7 赤 G
わすれがたき ふるさと

Part A 「かんたんギター奏」入門

step 2 フレットボード図と色コード

step 3

タブ譜で弾こう 1弦法と2・3弦法

1 ポジション・マーク

　ギターのフレットには、ポジション・マークが付けられています。高価なギターになると、非常に美しい貝殻が埋め込まれたものもありますが、これは単なる飾りというだけではなく、指定のどこの場所へでも指が行きやすくするためのマークです。この目印のおかげで、素早い手の動きでも、正確に狙ったフレットを押さえられるわけです。

　また、同じフレットの側面(ネック側面)に小さい点が打ってあります。ギターを弾く姿勢によっては、フレットボード（指板）はあんまり見えないため、この側面の点が目印になります。

　そこでかんたんギター奏では、これからの演奏をラクにするため、よく使用するフレットを中心に番号シールを貼ることにします。シールは弾く時に一番見やすいネック側面の湾曲した部分に貼ります。

　ギターには通常、3(ないものもある)・5・7・9・12のフレットに模様やマークがありますから、このマークのあるフレットに番号シールを貼っておけば十分でしょう。（弾き語りやソロをやっていくうえで、2や4や8もあった方が便利だと思う人は、自分で書き込んで貼り足してください。）

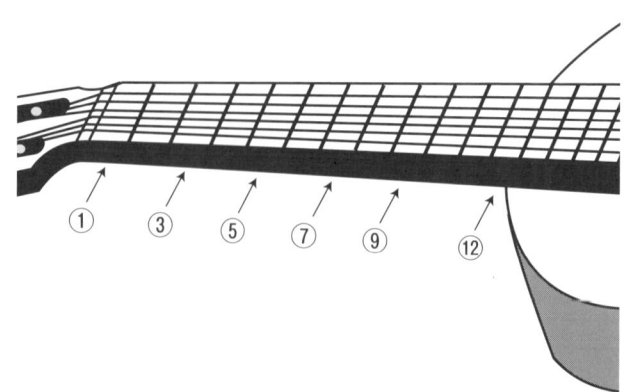

●図10　番号シール

　　フレット番号を表す数字①、③…⑫が、「8色シール」と同じシート
　　(この本の最初のページに綴じ込まれている)に印刷されています。
　　上図を参考にしながらこれらの番号を所定の位置に貼ります

2 タブ譜　弦・フレット番号・リズムを表す

　下の図を「タブ譜」と言います。タブラチュア譜（音符を使わず数字や文字で奏法を表した楽譜）を略してこう呼びます。タブ譜は5線じゃなくて、6本の線があることに注目。これはギターの1弦から6弦を上から下の向きに記したものです。

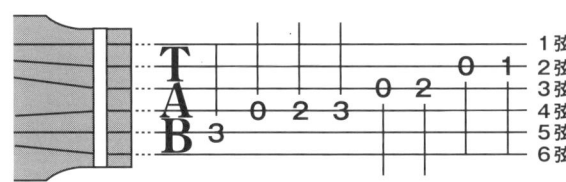

●図11　タブ譜の成り立ち

　タブ譜では、押さえる位置を弦の上に数字（フレット番号）で示し、この数字に音符の符尾を付け足してリズムを表しています。

　ギターには6本の弦がありますから、同じ音程でもどの弦を鳴らすかによって、押さえる位置にいくつもの可能性が出てきます。それを指定したタブ譜は、ギターにとって五線譜よりも実用的だったりします。タブ譜は重宝しますので、少しずつ慣れていってください。

　これも実際にやってみましょう。
　　タブ譜で第1弦の上だけに書かれた番号のフレットを押さえる。
　　右手でジャランとストロークして弾く。この時6本の弦すべてを弾く。
　　さっきの伴奏パターンより、さらに簡単ですね。

Ex.2

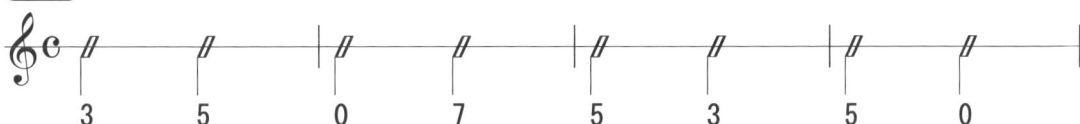

　数字は押さえるフレットの番号です。0だったらどこも押さえない、つまり開放弦になります。続いて順に、1が1フレット、2が2フレット、…というふうに覚えてください。
　時々0を入れながら、いろんな位置へ指を動かして、音の変化を楽しんでみましょう。

* メロディーはフレットを押さえる**第1弦だけで演奏されるので、そこが強調される**ように、ほかの弦を弾く時の力のあんばいを加減する。
* 毎回6本の弦すべてを弾くのではなく、1〜4弦くらいを狙って弾き、時々6弦からすべての弦を弾き下ろす。何回かやると自然に身につきます。

❸ かんたんソロ―1弦法

　かんたんソロの「1弦法」とは、第1弦だけを押さえてメロディーを作りますが、この時**第1弦だけじゃなくて他の開放弦も一緒に鳴らしてしまう**やり方です。自分でもあっと驚くくらいのギターサウンドが生まれます。これはもう実際に音で体感してもらうほかありません。

　第1弦だけを押さえるつもりなのに、ついつい指が第2弦や第3弦にまで当たってしまうと、開放弦が濁ってしまい響きません。となりの開放弦を美しく響かせることを意識してください。

　ソロの時は弦を響かせることを味わい、その感覚を身につけてください。

　1弦法では、フレットを押さえるのが第1弦だけなので、第1弦にだけ数字でフレットの位置を示してあります。他は開放弦ですので0の数字を省略していますが、一緒に弾くことを忘れないでください。
　いかにメロディーを浮かべるか、そして、**いい気分でギターを響かせる**という2つがキーポイントです。
　そのためにはストロークするピック、あるいは指が弦にタッチする時の感じをいろいろ試してください。
　コツとしては、
　弦が6本あるからといって律儀に全部弾こうとしない。
　タッチはなるべく軽く。

できる範囲で OK　演奏姿勢と指づかい

　クラシックだと、まずギターの抱え方から始まって、腕・手・指の形をしっかり覚えることになってます。弦を鳴らす段階になってからも、まず1本ずつ正しい形の指づかいで弦をはじく練習をするようです。
　このかんたんギター奏では、その辺はまず、自分が一番やりやすい方法で始めてもらいます。だんだんと、小うるさい注文も出していきますけど、自分のやれる範囲で取り入れてもらえばOKです。

オー・ラリー ［ラブミーテンダー］

- 4小節ごとに、4、12、16小節が全音符になっているので、ここだけは6本の弦すべてを弾く。それ以外の小節では4本の弦くらいを響かせればよい。
- 全音符のところは、アルペジオ気味になるように。
- ストロークはあくまでゆったりと。
- 押さえる指が他の弦に当たらないように気をつける。そうすると音がクリアーになる。

作曲　ブールトン

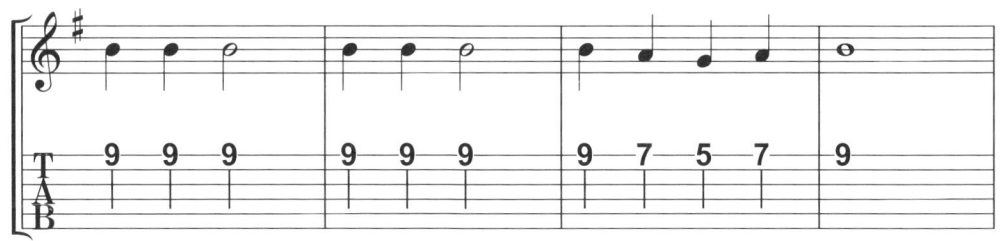

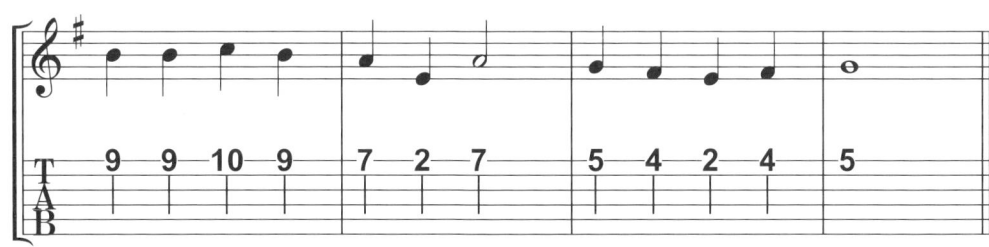

音がさほど切れ切れにならずにメロディーが浮き上がれば、大成功です！

押さえる指は人差し指が一番動きやすいと思うけれど、おんなじ指が続くと初めの頃は、指先がちょっと痛いかもしれません。今のところは、とりあえず押さえるフレットの位置を間違えなければ、どの指でもよいということで始めましょう。

おんなじ要領で、次の曲もどうぞ！

ビッグベンの鐘

学校のチャイムでもおなじみの曲。音を出せば、「ああ、あれか」とすぐ分かります。

この曲では鐘の響きをイメージして、1本1本弦を撫でていくような気持ちで、ゆっくりとじゃら～んと響かせてみてください。

* 1弦を押さえる指が他の開放弦にさわらないように。
* コツとしては、なるべく**指を垂直に立てて、弦の真上から指の頭（左手の爪が長いとできない！）で押さえる感じ**。
* そのためにはネックを挟んでいる親指も大事。しっかり支える力が必要。
* 同じ音を4回繰り返す最後の4小節は、だんだん弱く（デクレッシェンド）して、鐘の音が消え入るような感じを表現する。

外国曲

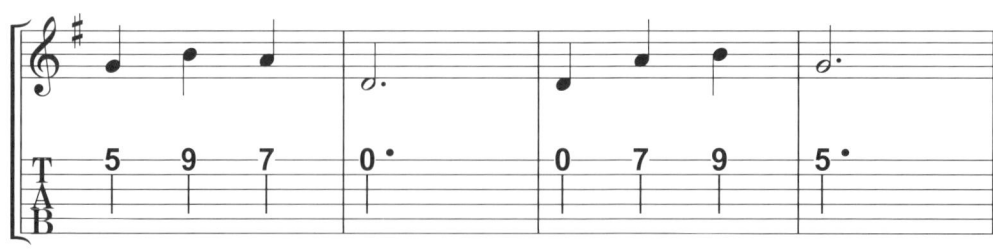

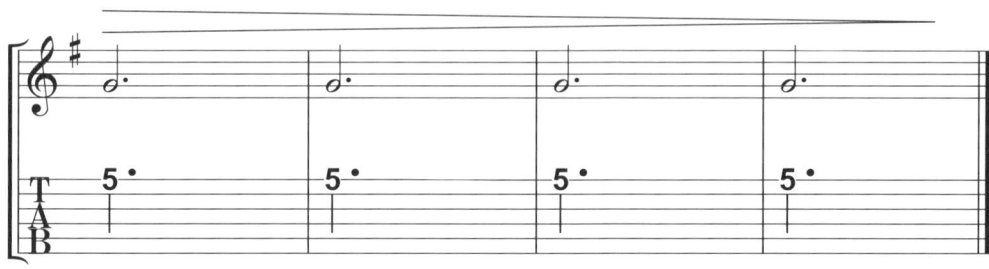

((かごめかごめ))

ゆっくりしたり、少しテンポアップしたりして、いろいろに弾いてみましょう。

テンポを変えるだけで、しみじみとした「かごめかごめ」になったり、子どもが遊んでいる楽しそうな「かごめかごめ」になったりします。

指の動きは割と簡単なので、その分ニュアンスを味わって演奏しましょう。テクニックよりは、弾く時の気分の問題かもしれませんね。なり切れれば大成功間違いなしです。

* 5を中指、3を人差し指、7を薬指として3本の指を使い分けてみる。
* 7を弾く時5の中指を押さえたままできれば素晴らしい。もちろん5を離してもよい。
* それが難しい場合は、人差し指を中心に適宜、中指や薬指を使う方法でよい。

わらべうた

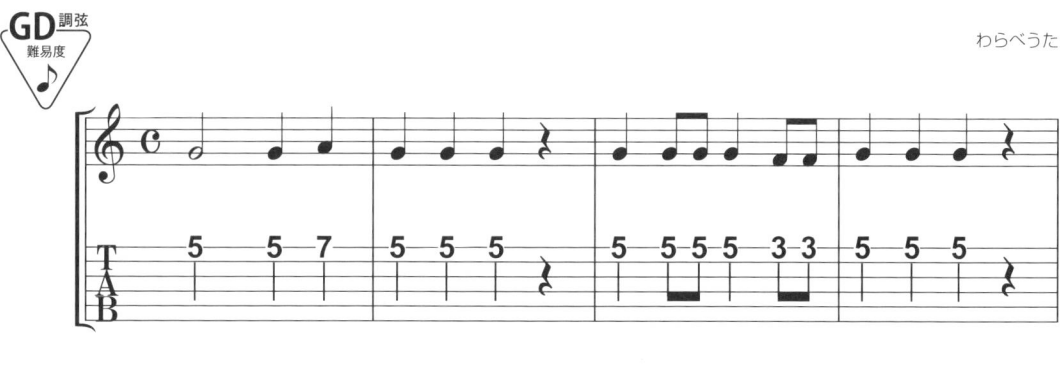

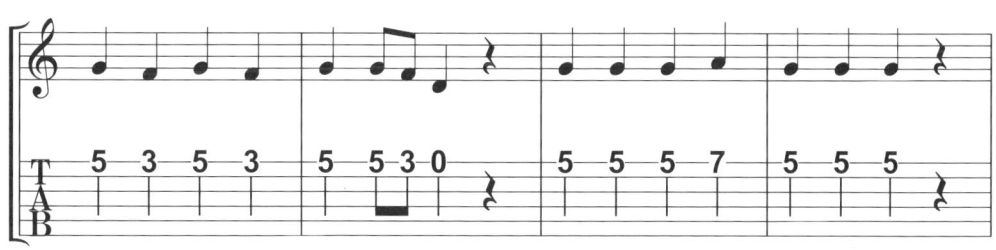

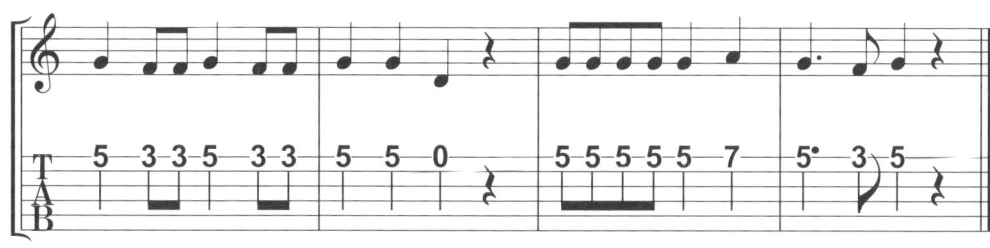

❹ かんたんソロ ― 2・3弦法

2・3弦法では、第2弦と第3弦の同じフレットを同時に押さえてメロディーを浮かべます。1弦法の時と同じで、**押さえるのは2本の弦でも、弾く時は全部の弦を響かせます。**

まず、中指または薬指の1本で同時に2弦を押さえて弾いてみましょう。指が他の弦に当たらないように立ててください。

大体スムーズに指が動くようになったら、今度は2本の指（人さし指と中指、または中指と薬指）で2弦を押さえてください。

これでかなり**骨太なメロディー**が浮かんできます。

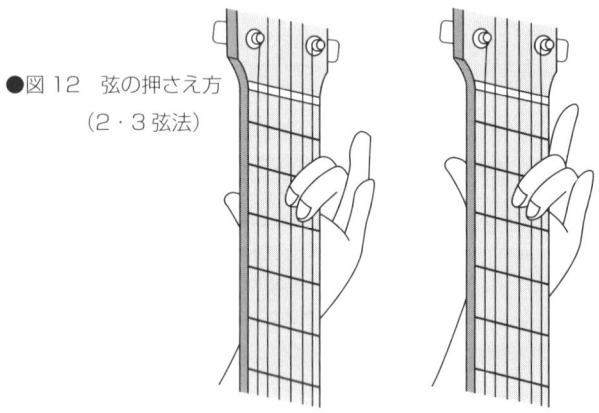

●図12　弦の押さえ方
　　　（2・3弦法）

図のように親指以外の4本の指をなるべく寝かせないで、ネックに向かって垂直に近い感じになるよう意識する。押さえた指が他の弦に当たって響かないように。

使う指は人差し指と中指、または中指と薬指。最初はやりやすい方で、慣れれば、どちらででも弾けるようにするといい。

《 かえるの合唱 》

ドイツ民謡

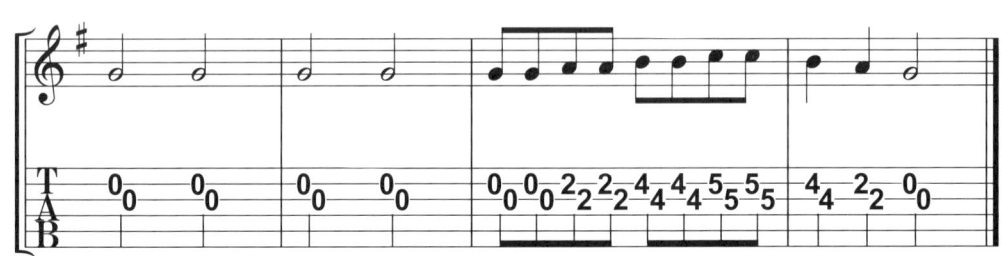

- ＊（指を動かしてメロディーを作る）**第2弦と第3弦だけを狙ってストロークする。**
- ＊言い換えれば、第6弦や第1弦はあんまり強く響かせなくていい。
- ＊2分音符のところだけは、6本の弦すべてを鳴らすようにする。
  このように弾くと、あのおなじみのメロディーが浮かび上がってきます。

きらきら星

1音ずつ順次下降するメロディーの曲です。2本の指で2つのフレットを同時に移動させる感覚に慣れてください。

慣れたら少し速いテンポにも挑戦しましょう。

リズムもメロディーもシンプルなので、右手のストロークと左手の押弦とをしっかり一致させる。

フランス民謡

禁じられた遊び

クラシックギター永遠の名曲です。

このかんたんソロでは、ギターを手にして、いきなり「禁じられた遊び」が弾ける！という歓びを味わうことが目的です。原曲のきちんとした和音は、かんたん奏をマスターした後、もう一度普通のチューニングで原曲に当たれば、きっとうまく弾けますので、今はそれを楽しみに少しずつギター奏になじんでいってください。

スペイン民謡

*指を移動させる時は、弦から全く離してしまうのではなく、ちょうどレールの上を電車が走るように、2本の指を弦の上で滑らせていく感じ。移動の時は軽く浮かせて弦の上を滑らせるように動かして、音を出すポイントに来たら指先に少し力を入れる。

*最後の音に向かってだんだんテンポを落とし、最後の「ソ」の音は1・2・3・1とカウントして、やさしく右手の掌で弦を押さえて消音させる。

「禁じられた遊び」はピアノの「エリーゼのために」に匹敵するようなギターを象徴する曲です。簡単ですけれど、雑にならないように丁寧に思い込めて弾いてください。聴く人へのアピール効果も抜群で、「かえるの合唱」とは違った反応があると思いますよ。

弦を鳴らした直後強く響いた音は、だんだん音が弱くなってやがて消えていきます。
ビートを明確にしたい場合は、いつまでも響かせないで、まだ鳴っている弦を右手の掌で押さえて音を消します。これを**ミュートする**といいます。**ギターの楽譜で休符が出てきたらこのミュートをするのが原則です**（すぐにできなくても全然問題ありません！）。
ミュートによって、リズムがはっきりしてきます。

ギターは開放弦からネックとボディの境界のところまで12フレットあり、これが1オクターブです。ですので、1オクターブの範囲内のメロディーであれば、ここに挙げた曲以外でもソロとして演奏できます。
1弦法の場合は、主音（GD調弦なので「G」つまり「ソ」）が5フレットにあり、主音より低い音が使われる曲でも演奏できます。2・3弦法では主音が開放弦（O）になりますので、「ソ」から始まる1オクターブ以内の曲が演奏できるわけです。
身近な曲を見つけてぜひやってみてください。

なお、指を弦の上で滑らせる時、またねらった音を出す瞬間に力を入れると、キュキュと鳴ることがあります。これは**どんなギター奏でも鳴る固有の音**です。メロディーの音とは関係ないからと言って、決して雑音じゃありません。今ここで、ギター弾いてる！という臨場感と醍醐味を味わうことのできる、カッコイイ音です。

step 4

色コードでかんたん弾き語り

1 「赤」・「青」・「黄」

　フレットボード図やタブ譜というギター特有の楽譜にも少し慣れ、指も大体スムーズに移動できるようになったと思います。

　ここからは本格的に弾き語りができるよう、いろいろなコードを覚えてもらいます。

　まず、コードフォーム「青」と「黄」の、押さえるフレットを1か所ずつ増やします。下の図のように青と黄色のシールをそれぞれ隣りに貼り足してください。

　3弦の5フレットには、青と黄色のシールが縦に並んで貼られることになります。

●図13　色コード「青」と「黄」

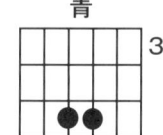

2か所押さえる　　　　3か所押さえる

　押さえる個所が1つ増えると、コードフォームが移行した時の響きの変化がもう少し強くなり、効果的になります。こちらも自在に使えるように慣れておいてください。何回か繰り返せば、すぐに慣れて自然に指がその形になっていくので心配ありません。

　ただし、これまでやっていた1か所あるいは2か所しか押さえない方法も決して間違いというわけではありません。むしろ両方を併用すると変化が出て面白いです。

（ **アルプス一万尺** ）（使用する色コード 赤・青・黄）

＊伴奏のリズムパターンは次の通り。右手のリズムは軽く細かく刻めるとよい。

＊難しい場合は

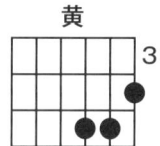

でもよい。

Part A 「かんたんギター奏」入門

*リズムを軽くするには高音（細い弦）の3弦くらいを狙うのがコツ。
*もの足りなければ、時々、低音部も意識して鳴らす。自分で感じて調整することが大切。

日本語詞　不詳
アメリカ民謡

GD調弦 難易度

```
（赤）         （黄）   （赤）         （黄）
G            D       G             D
アル プス いちまん じゃく  こやりの  うえで

（赤）         （青）   （黄）         （赤）
G            C       D             G
アル ペン おどりを  おどりま  しょうヘイ

（青）                 （赤）
C                    G
ラン ララ ラ ララララ  ラ ラララ  ラララン

（青）                 （黄）（赤）
C                    D    G
ラン ララ ラ ララララ  ララララ  ラン
```

step **4** 色コードでかんたん弾き語り

　ギターをかき鳴らし（ストロークし）ながら歌うというのは実に楽しいことです。その楽しい気分はギターサウンドにも歌声にもきっと現れてくるでしょう。

　その**決め手**は、左手の押弦よりも、**右手のストローク**にあります。
　次の曲も、みなさんよくご存じなので、一段と楽しくなる弾き方を紹介しましょう。

❷ ストローク　ダウンとアップ

　前ページで、サウンドの楽しさの決め手は、**右手のストローク**にあると書きました。
　これまで上から弾き下ろしてきたストロークを**ダウンストローク**といいます。これに対して、下から上へ弾くのが**アップストローク**です。
　ダウン、アップをセットで組み合わせることによって、ギターならではのイキイキした表情が生まれます。
　ダウンとアップはセットで一つの周期するリズム（循環するエネルギー）を作っているからです。

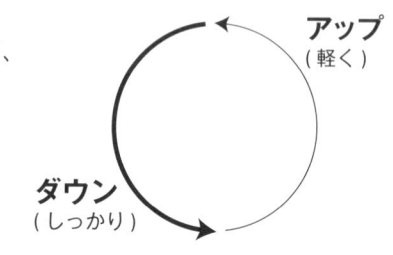

アップ（軽く）
ダウン（しっかり）

　ジャッカ、ジャッカ、とか　チャッカ、チャッカという感じに挑戦してみましょう。
　もちろんダウンストロークだけで、ジャンジャンやってもいいのですが、弾き下ろしたピックを軽くひっかけるような感じで上に返す時にも弦に当てることをいっぺん試してください。

　まずは次の練習をどうぞ。

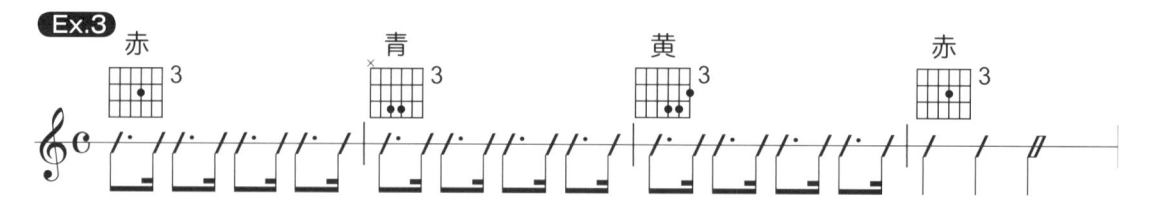

Ex.3　赤　　青　　黄　　赤

　「青」では左の上（第6弦）に×の印が付いています。これは、この弦を鳴らさない、つまり**ミュートする**という意味です。左手の親指を出して軽く第6弦にふれる（押さえてしまってはダメ）と、右手でストロークするピックが第6弦に当たっても鳴らずにすみます。

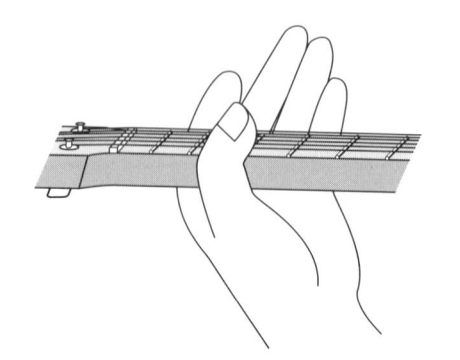

親指で第6弦に軽くふれている。
弦を押さえつけてはダメ

●図14　右手の親指で第6弦をミュートする

　急にたくさんのことに気をつけなくてはいけなくなりましたが、何となくで結構です。

Part A 「かんたんギター奏」入門

線路は続くよどこまでも
（使用する色コード 赤・青・黄）

日本語詞　不詳
アメリカ民謡

GD調弦　難易度

赤　　　　　　　　　　　　青　　　　　赤
G　　　　　　　　　　　　C　　　　　G
せんろはつづくよ　どこまでも

赤　　　　　　　　　　　　黄
G　　　　　　　　　　　　D7
のをこえやまこえ　たにこえて

黄　　　　赤　　　青　　　赤
D7　　　　G　　　C　　　G
はるかなまちまで　ぼくたちの

青　　　　赤　　　黄　　　赤
C　　　　G　　　D7　　　G
たのしいたびのゆめ　つないでる

step 4　色コードでかんたん弾き語り

＊アップの方は軽く当たればいいので１，２弦を弾くか、もしかしたら空振りする時があってもいいくらいのつもりで。
＊最初から軽いタッチにはならないだろうけど、弾んだ歌とマッチさせるつもりで弾けばいい。
＊最後の「つないでる」のところは

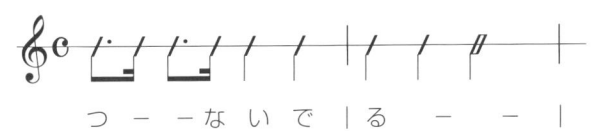

つーないで｜る　ー　ー｜
チャカ・チャカ・ズン・ズン　ズン・ズン・ジャア〜ン　　とやると落ち着く。

この曲でコードが変わるところで歌がつっかえたりせず、ストロークも元気よくできたら、弾き語りも大分慣れたと言えます。数をこなせば、さらに手慣れていきます。

37

❸ 「白」でマイナー・コード

最初の白はこれまでの赤より1フレット分下になります。あとは同じフォームですので、少し気をつければ、すぐできるでしょう。

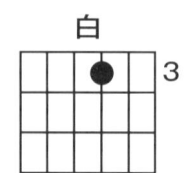

●図15 「白」のコード

押さえるポジションが1か所1フレットずれた(半音下がった)だけですが、コードのムードがガラリと変わり、マイナー・コードが出来上がりました。

((赤い靴))　　（使用する色コード 白・青・黄）

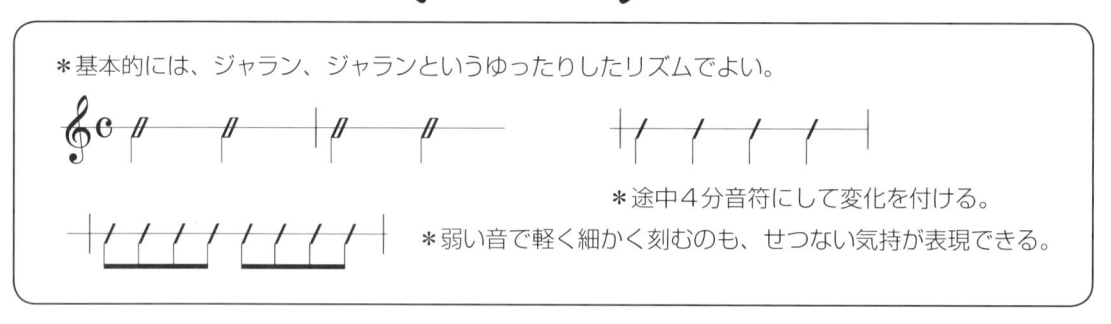

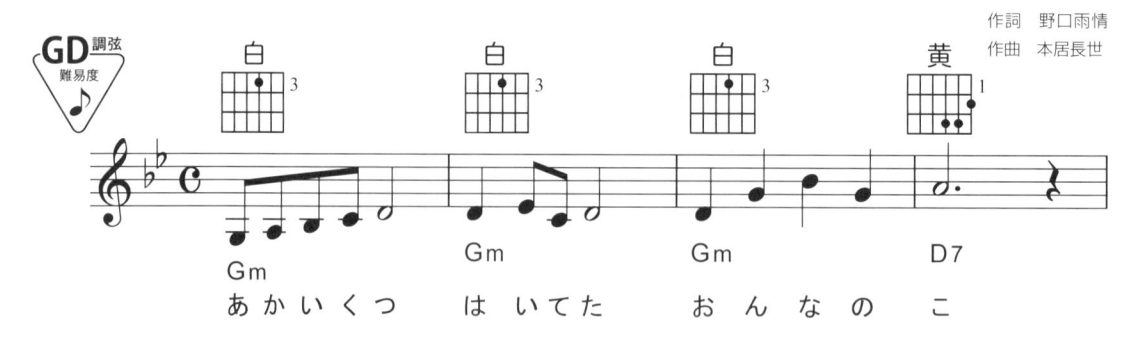

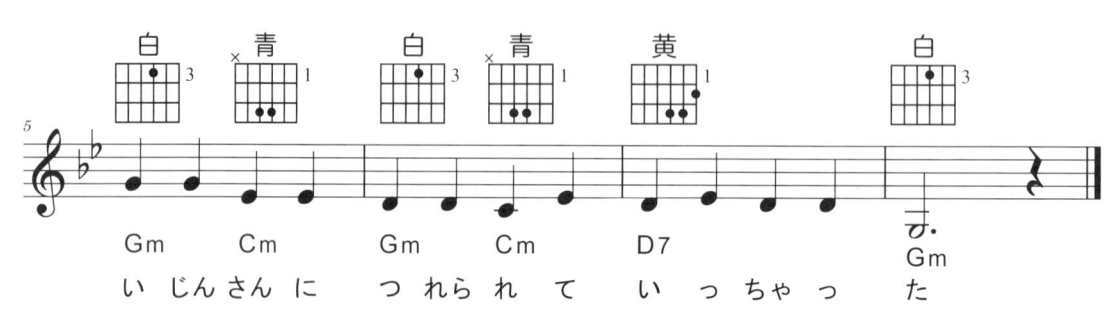

＊基本的には、ジャラン、ジャランというゆったりしたリズムでよい。

＊途中4分音符にして変化を付ける。

＊弱い音で軽く細かく刻むのも、せつない気持が表現できる。

作詞　野口雨情
作曲　本居長世

GD調弦
難易度

白　白　白　黄
Gm　　Gm　　Gm　　D7
あかいくつ　はいてた　おんなのこ

白　青　白　青　黄　白
Gm　Cm　Gm　Cm　D7　Gm
いじんさんに　つれられて　いっちゃった

❹ 桃・水・緑・茶のコード

　これまで、赤・青・黄・白の４つのコードフォームで弾き語りをしてきました。
　ここではさらに、緑・茶・桃（色）・水（色）の４つのコードを加え、合わせて８色のコードを使えるようにします。４つのコードは、従来の通常コードと次のように対応しています。

桃	水	緑	茶
Em・E7	Am・A7	Bm・B7	B♭

　僕が「かんたんギター奏」を考案した意図は、誰でも、簡単に、たくさんの曲を弾き語りできるようになってほしかったから。そのために必要な条件は、**（１）押弦がラク　（２）楽譜が読めなくてもOK**　という２点でした。具体的に言えば、
　（１）は、押さえる数が少ない、指が自然にフォームを覚えられる、他のコードへの移動がラク。
　（２）は、五線譜・タブ譜・フレットボード図の「読譜」が苦手でも、色の識別と耳コピで演奏できる、ということです。
　そのために創案したこの８色コードは、一般に使われている通常のコードそのものではありません。新たなコードです。けれど、曲の流れの中で、メロディを支え、曲のムードを作るのには充分な役割を果たしています。響きとしては、通常のコードより包括的でフレキシブルな性格を持ち、歌う人の自由度を高めてくれますし、一味違った雰囲気を醸し出してくれます。
　これによって少ない数のコードフォームで、たくさんの曲で弾き語りができるようになります。最小限の技術で、最大限の体験と効果を導くものです。

　それでは次の「フレットボード図」を参考に、各色のシールを貼っていきましょう。
（シールを弦の下の正確な位置に貼るために、p.19の図と表紙カバーの折り返しにあるフレットボード図を参照）
　シールを手がかりに、フレットボード図と照らし合わせて伴奏パターンに指を持っていきましょう。もうボード見ただけで指がすぐにコードフォームになっていくでしょうか？
　これまでフレットボードの横の数字は３でしたが、１になっているのにご注意を！

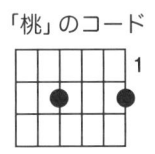

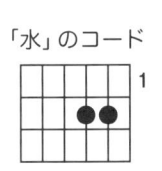

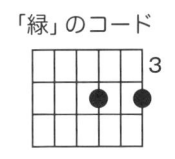

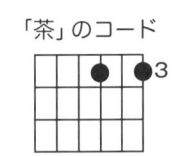

「桃」のコード　　「水」のコード　　「緑」のコード　　「茶」のコード

●図16

　「水」は、ちょうど「桃」で指を開いて空けていたスペースを埋めるような感じですね。人差し指と中指でも構いませんが、中指と薬指の方が応用がききます。
　「桃」と「水」、そして「茶」と「緑」を何度か繰り返して練習してみてください。
　色コードは以上です。

5 リズム・パターン　組み合わせに慣れよう

　右手で奏するリズムのパターンもまとめておきましょう。主なリズムパターンは**次の5種類**です。これらを適宜組み合わせたり、歌のメロディのリズムに合わせたりすれば、**単調にならずにすみます**。大切なのは、何よりその時々の気分を表現することです。

2ビート：　ジャア～ン・ジャア～ン

4ビート：　ジャン・ジャン・ジャン・ジャン　または
　　　　　　チャッ・チャッ・チャッ・チャッ

8ビート：　タタタタ・タタタタ　または　タカタカ・タカタカ

バウンス：　チャッカ・チャッカ・チャッカ・チャッカ
（付点）

3連符：　タタタ・タタタ・タタタ・タタタ

6 細かいリズムを刻むストローク

　8ビートやバウンスのリズムを刻むには、しなやかなストロークが必要です。ピックを上下させる動きにも自然となめらかな素速い動きが求められます。そこで、**肘をよりも手首を使うストローク**を心がけてください。このことを意識するだけでも少しずつ違ってきます。

●図17　肘を使ったストローク

●図18　手首を使ったストローク

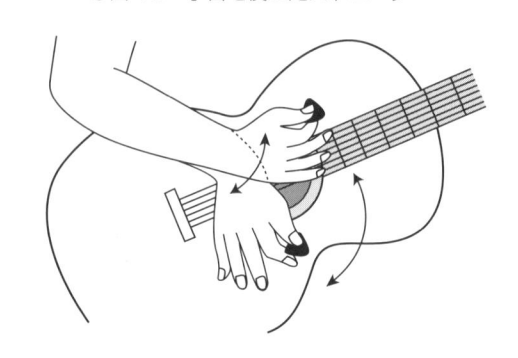

step 5

弾き語り名曲集（1）

では、コードフォームとリズム・パターンを駆使して名曲の弾き語りをしましょう。

《 明日があるさ 》 使用コード…赤・青・黄・桃・水

曲に入る前に、2種のコードフォームの移動を練習しておきましょう

Ex.4 桃→水→桃→水　の繰り返し

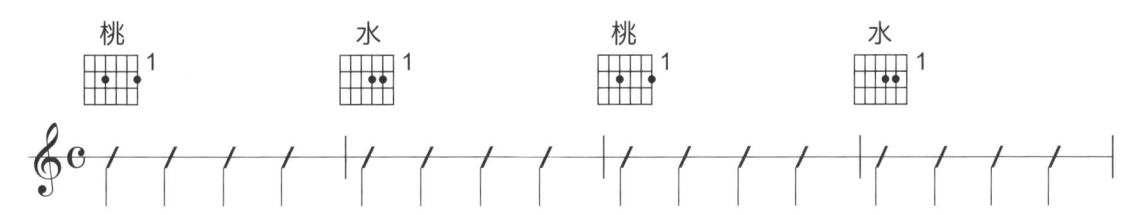

> 右手のリズムは、「タタタタタ」と8分音符を軽快に刻んでいく。ダウンストロークでよい。
> 「くれるだろう」の後はジャ〜ンと響かせ、次の「あしたがある」の「し」からまたタタタタのリズムに戻す。

GD調弦　難易度

作詞　青島幸男
作曲　中村八大

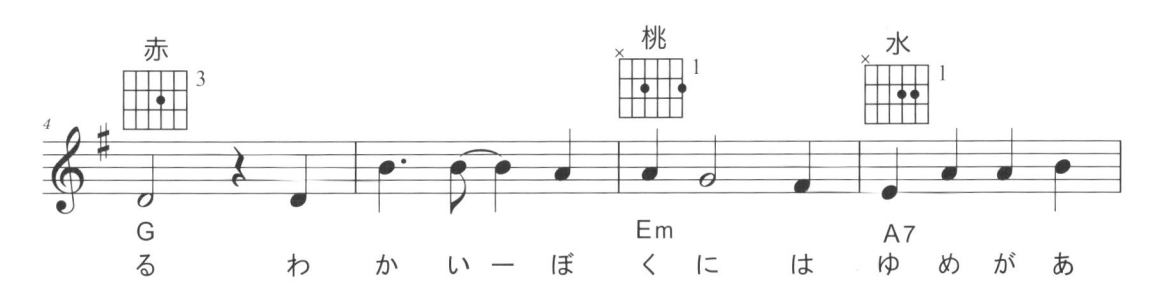

赤 — G
あ し た ー が あ る さ

青 — C
あ す が あ

赤 — G
る わ か い ー ぼ く に

桃 — Em
は

水 — A7
ゆ め が あ

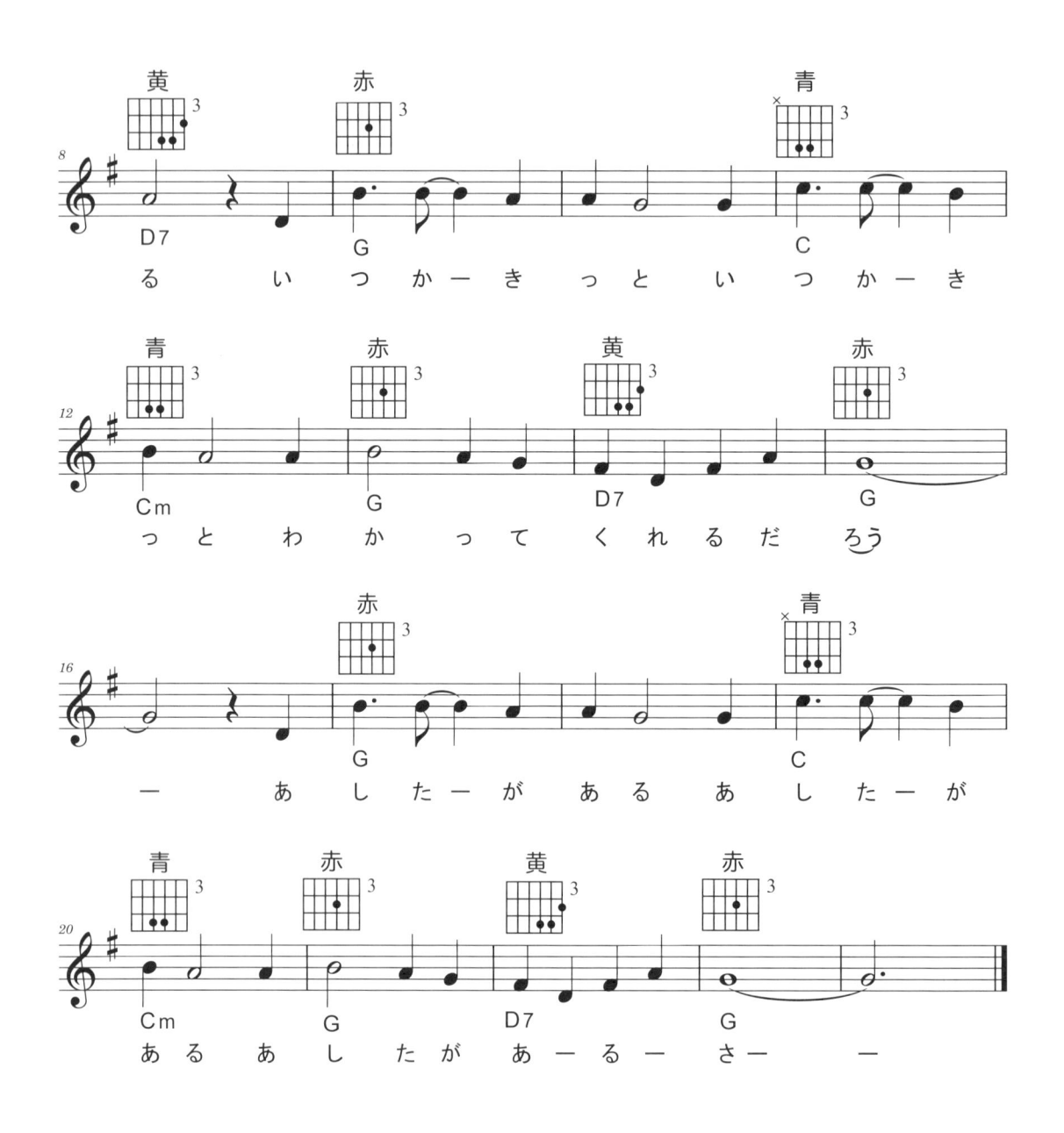

《大きな古時計》 使用コード　赤・青・黄・桃・水

* よく似たメロディが繰り返し出てくるのでリズムで変化を付けることが大切。
* 右手のリズム
  - 「大きなのっぽの〜時計さ」　　　２分音符でジャ〜ン・ジャ〜ン
  - 「おじいさんの〜時計さ」　　　　８分音符の刻みでタカ・タカ・タカ・タカ
  - 「今はもう動かないその時計」　　２分音符に戻す　ジャ〜ン・ジャ〜ン
  - 「百年休まず〜チクタクチクタク」　４分音符でジャン・ジャン・ジャン・ジャン
  - 「今はもう動かないその時計」　　２分音符に戻す　ジャ〜ン・ジャ〜ン

GD 調弦 難易度

作詞 保富康午
作曲 ワーク

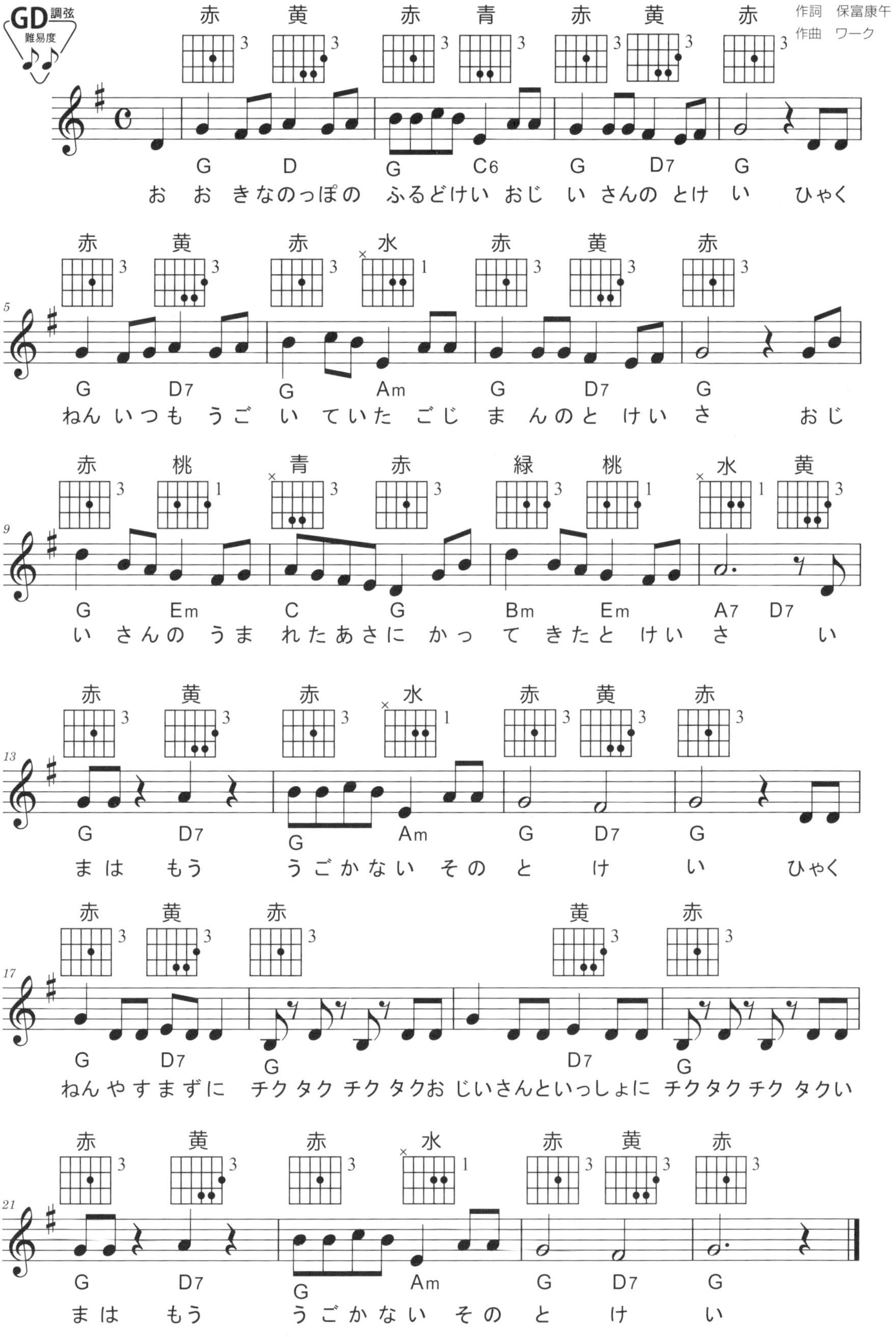

《君といつまでも》 使用コード 赤・青・黄・桃・水・緑

* ゆったりと4ビートのパターンで歌いあげる。
* サビの部分（君の瞳は〜燃えている）は、できれば3連符で刻んでいく。
  （歌いながら3連符を刻むのは難しい。それだけにやりがいもある。）

GD調弦
難易度

作詞　岩谷時子
作曲　弾 厚作

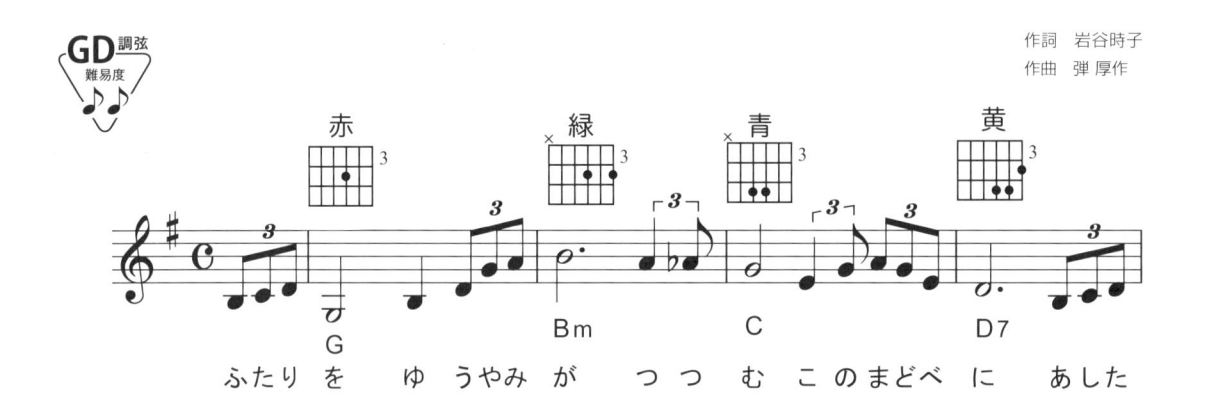

赤　　　　　　　緑　　　　　青　　　　　黄
G　　　　　　　Bm　　　　　C　　　　　D7

ふたりを　ゆうやみが　つつむ　このまどべに　あした

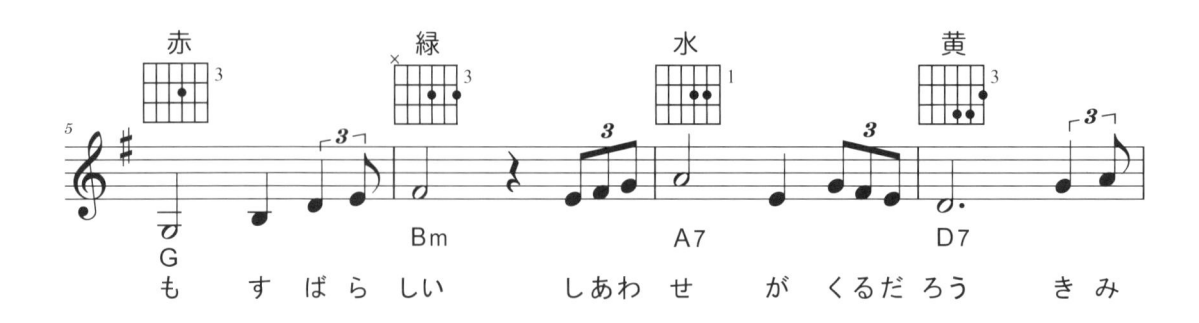

赤　　　　　　緑　　　　　　水　　　　　黄
G　　　　　　Bm　　　　　　A7　　　　　D7

も　すばらしい　しあわせ　がくるだろう　きみ

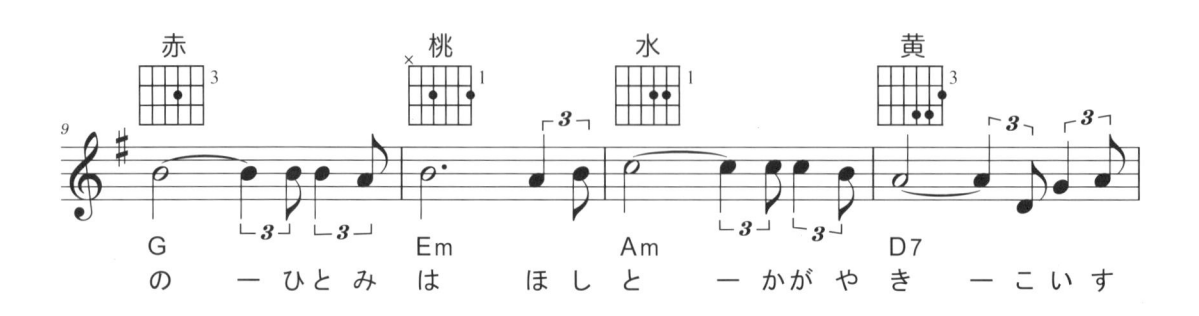

赤　　　　　桃　　　　　水　　　　　黄
G　　　　　Em　　　　　Am　　　　　D7

の　ーひとみは　ほしと　ーかがやき　ーこいす

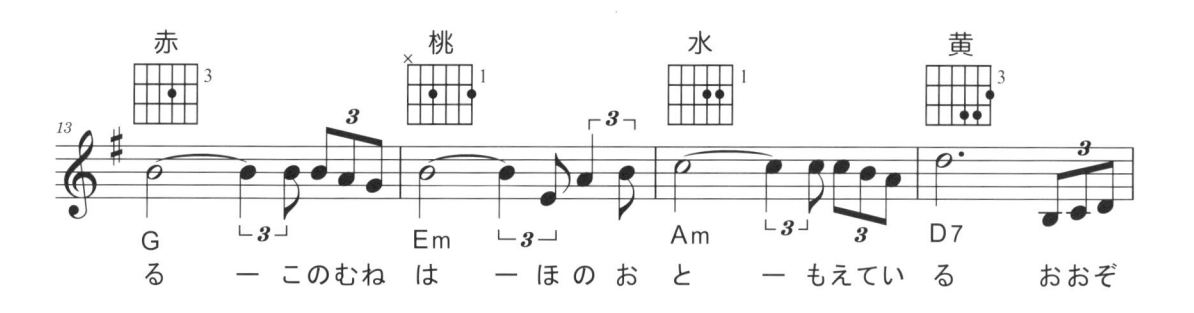

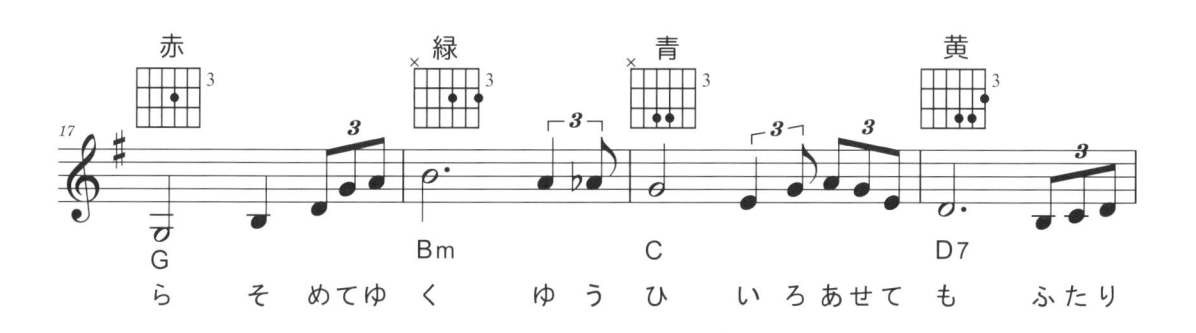

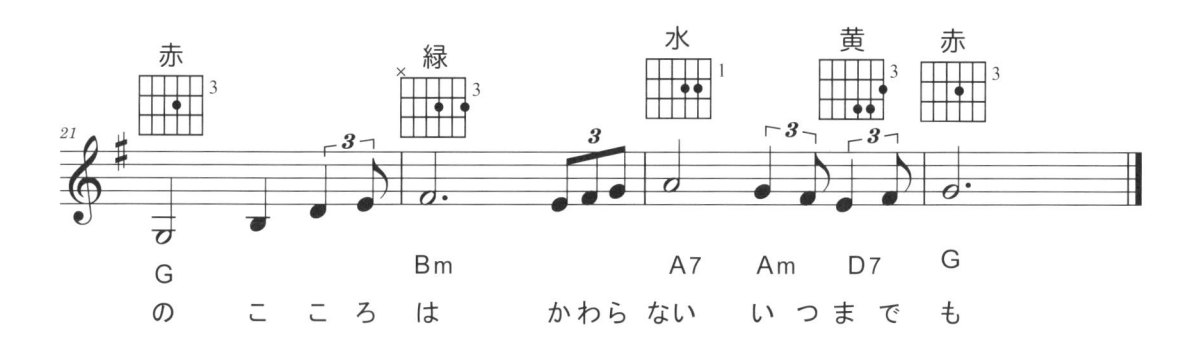

Part A 「かんたんギター奏」入門

赤	桃	水	黄
G	Em	Am	D7

る　―このむねは　―ほのおと　―もえている　おおぞ

赤	緑	青	黄
G	Bm	C	D7

らそめてゆく　ゆうひ　いろあせても　ふたり

赤	緑	水	黄	赤
G	Bm	A7　Am	D7	G

の　こころは　かわらない　いつまでも

step 5 弾き語り名曲集(1)

《 涙そうそう 》 使用コード 赤・青・黄・水・緑

Ex.5 水→黄→赤

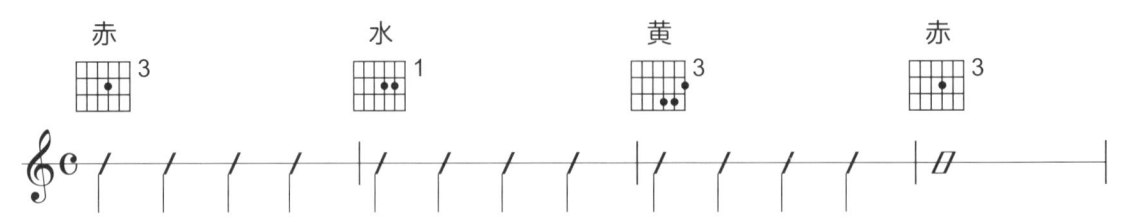

右手のリズム　4ビートを基本に気持ちの盛り上がりによって適宜8ビートで刻んでいく。

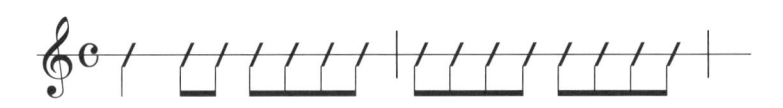

* 8分音符の部分（タカタカ）はストロークのダウン・アップを軽く繰り返す。（←練習はp.40参照）
* タッチは柔らかく、6弦すべて弾こうとしないこと。
* アップが難しいと感じる人はダウンだけでチャッ・チャッ・チャッ・チャッと小刻みに軽く。
  刻んでいってもOK。
* 慣れたら「イントロ」（p.90）も付けてみましょう。

作詞　森山良子
作曲　BEGIN

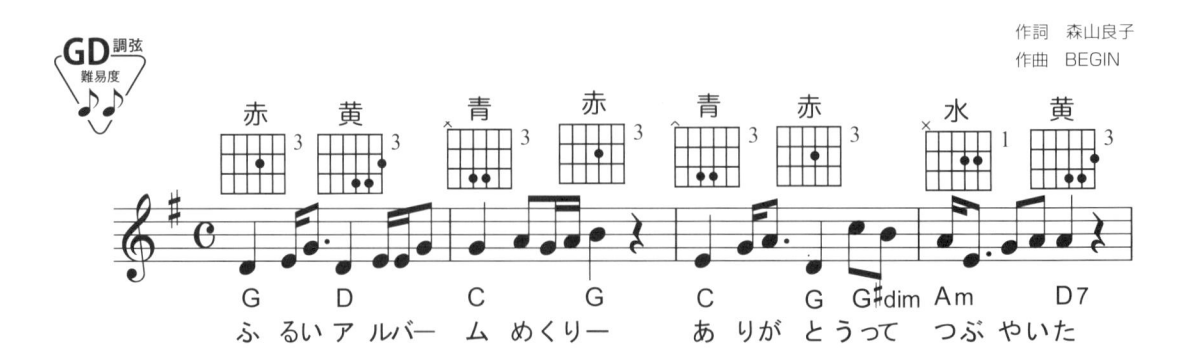

GD調弦
難易度

G　　D　　C　　G　　C　　G　G#dim　Am　　D7
ふるいアルバー　ムめくりー　ありがとうって　つぶやいた

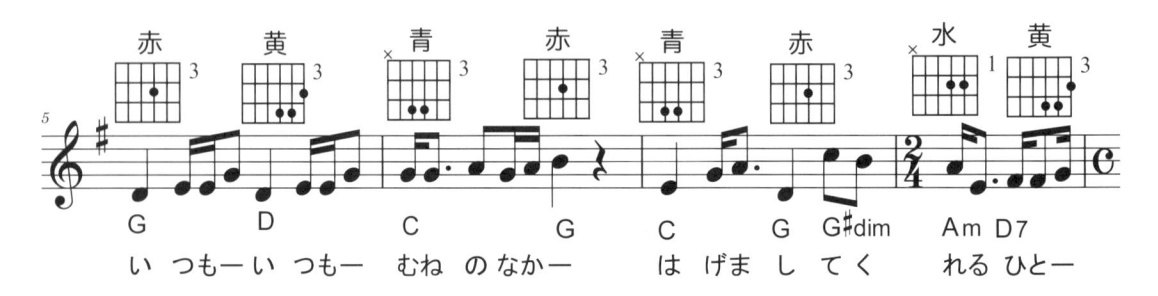

G　　D　　C　　G　　C　　G　G#dim　Am　D7
いつもーいつもー　むねのなかー　はげましてく　れるひとー

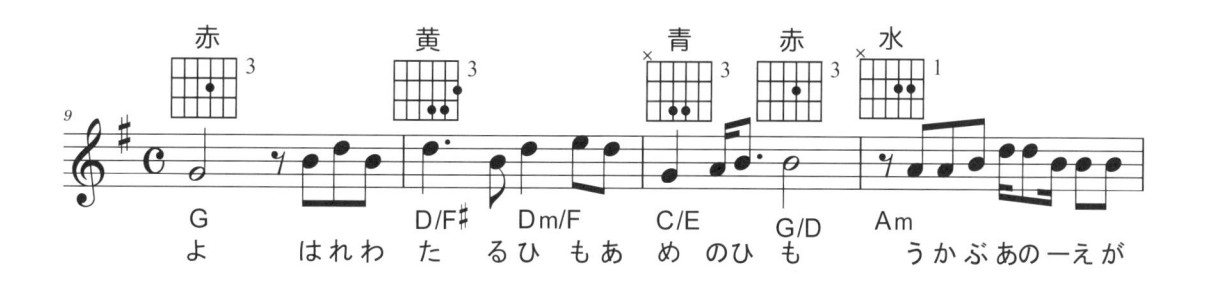

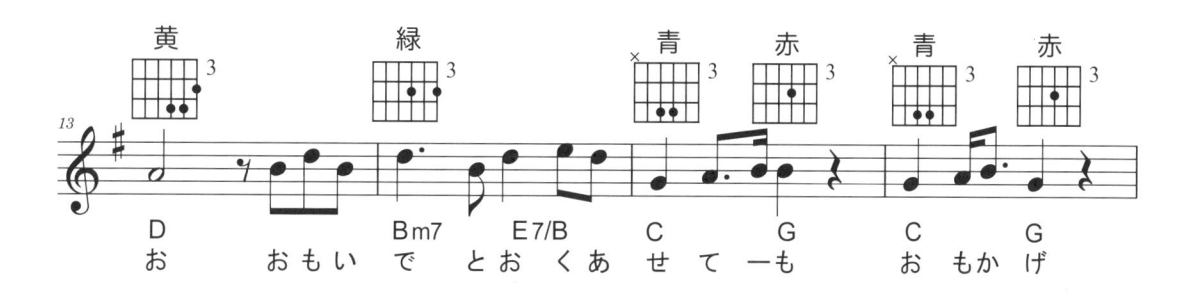

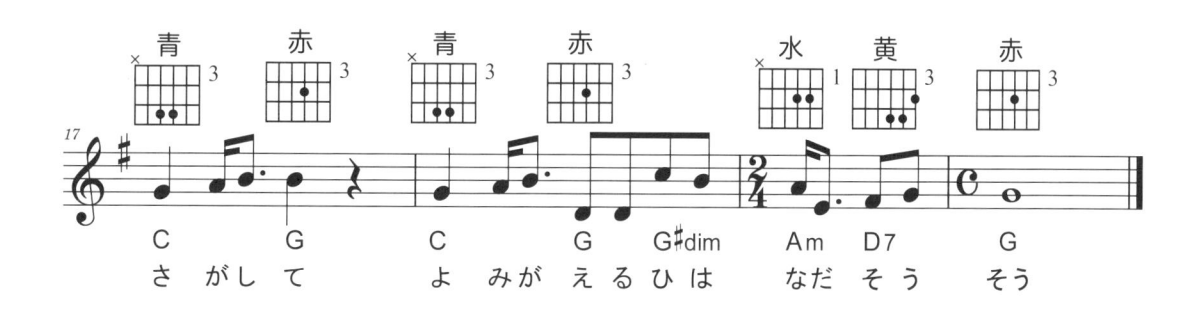

Part A 「かんたんギター奏」入門

step 5 弾き語り名曲集(1)

赤	黄	青 赤	水
G	D/F♯ Dm/F	C/E G/D	Am

よ　はれわた　るひも あめ のひ も　　うかぶあのーえが

黄	緑	青 赤	青 赤
D	Bm7 E7/B	C G	C G

お　おもい で とおくあ せて ー も　 お もかげ

青 赤	青 赤	水 黄 赤
C G	C G	G♯dim Am D7 G

さ がして　よ みがえるひは　なだ そう　そう

47

瀬戸の花嫁

使用コード　赤・青・黄・桃・水・緑

これまでになかったコードフォームの移動が出てきますので、少し練習しておきましょう。

Ex.6 桃→緑→桃

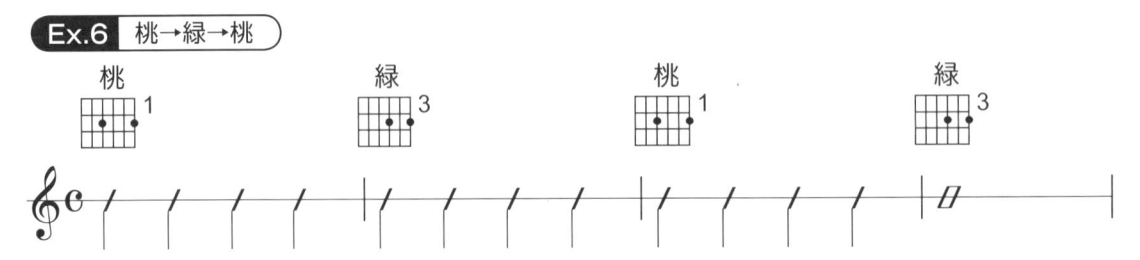

＊桃から緑への移動は1弦の押さえている薬指（他の得意の指でもよい）を滑らせるようにして行う。

Ex.7 緑→青→緑

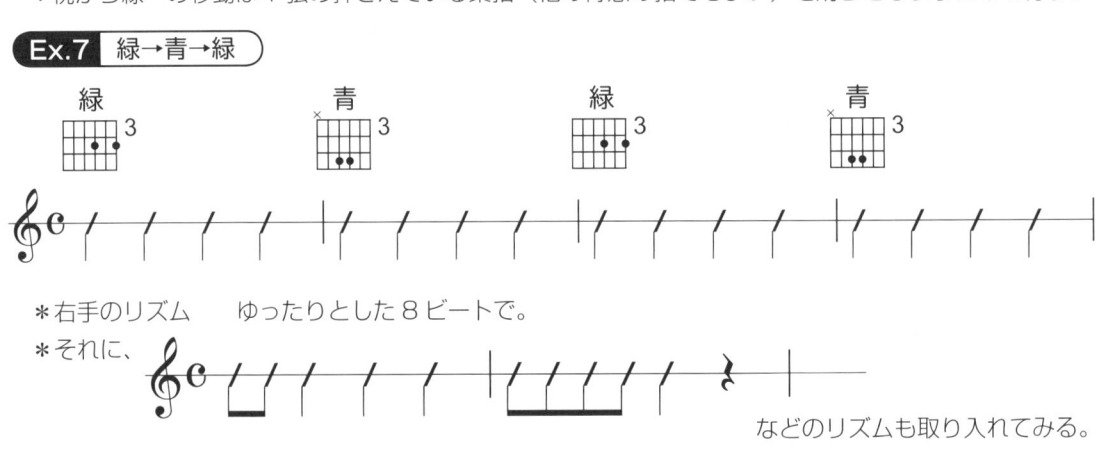

＊右手のリズム　ゆったりとした8ビートで。
＊それに、　　　　　　　　　　　　　　などのリズムも取り入れてみる。

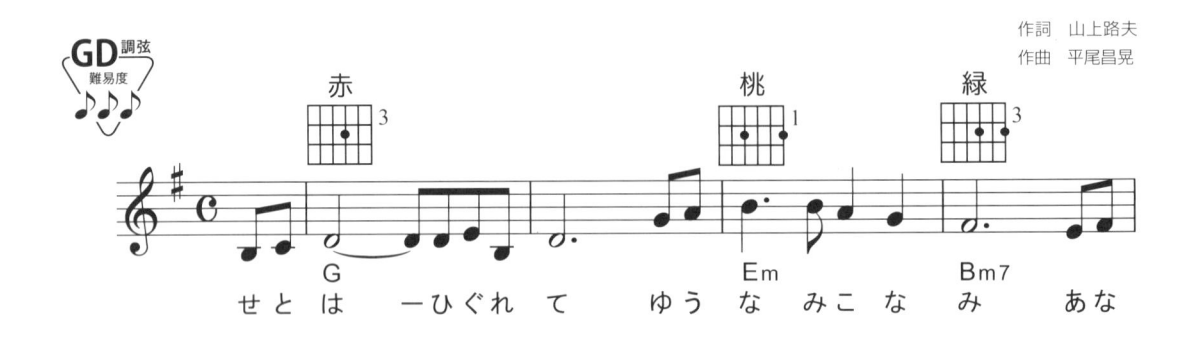

作詞　山上路夫
作曲　平尾昌晃

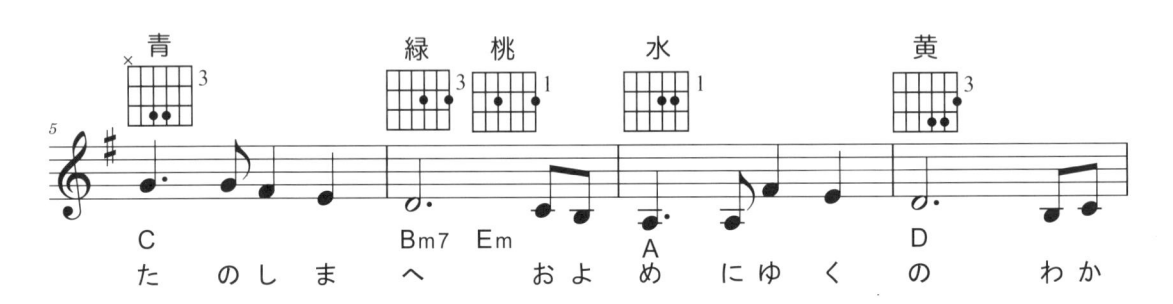

GD調弦

せとは ーひぐれて　ゆうなみこなみ　あな
G　　　　　　　　　Em　　　　Bm7

たのしまへ　およめにゆくの　わか
C　　Bm7 Em　　A　　　　　D

Part A 「かんたんギター奏」入門

step 5 弾き語り名曲集(1)

G	Em	Bm7
いと ーだれも が	しん ぱ いするけれ ど	あい
C	Bm7 Em	Am D7 G
が あるから	だいじょう ぶ な の	
Em	B	Em
だんだんーばたけ と	さよならーするの よ	
C	Bm7 Em	Am D G
おさないーおとう と	いく な と ない た	おと
G	Em	Bm7
こ ーだったら	ないたりせずに	とお
C	Bm7 Em	Am D7 G
さんかあさん	だいじに して ね	

49

北国の春

使用コード　赤・青・黄・桃・水・緑

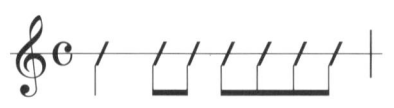

基本のリズム

このリズムをキープしながら、小節の途中でコードフォームとリズムパターンが変わる個所がたくさんあるので、そこは何回か練習をしてください。

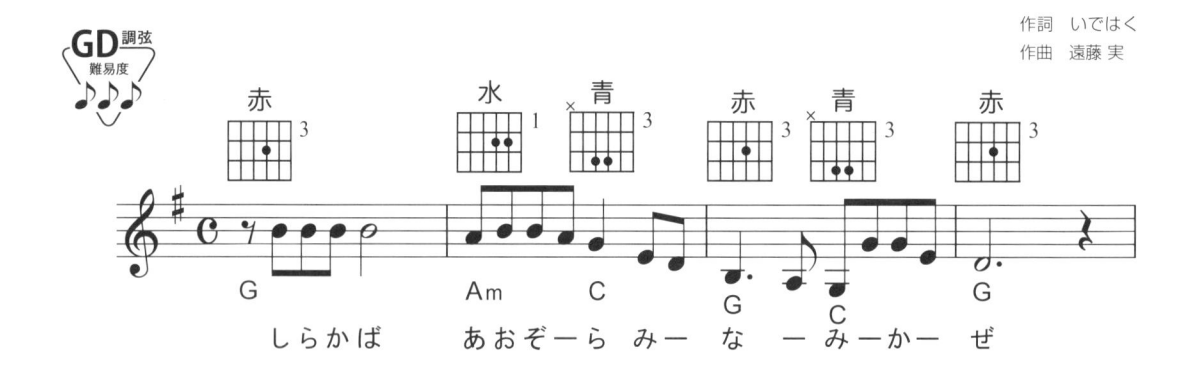

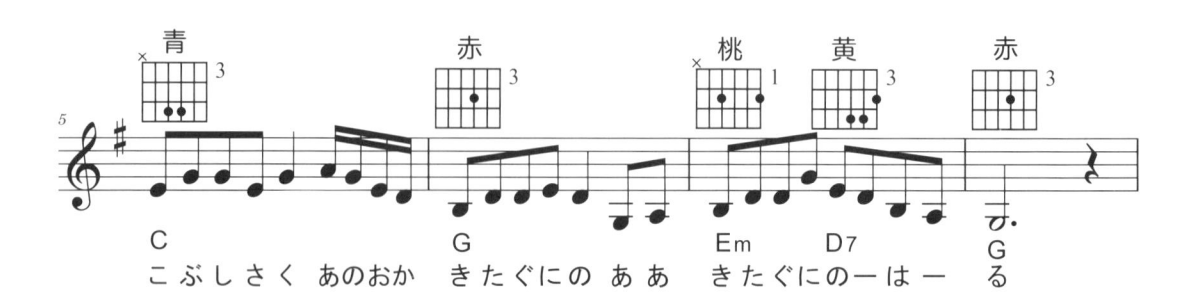

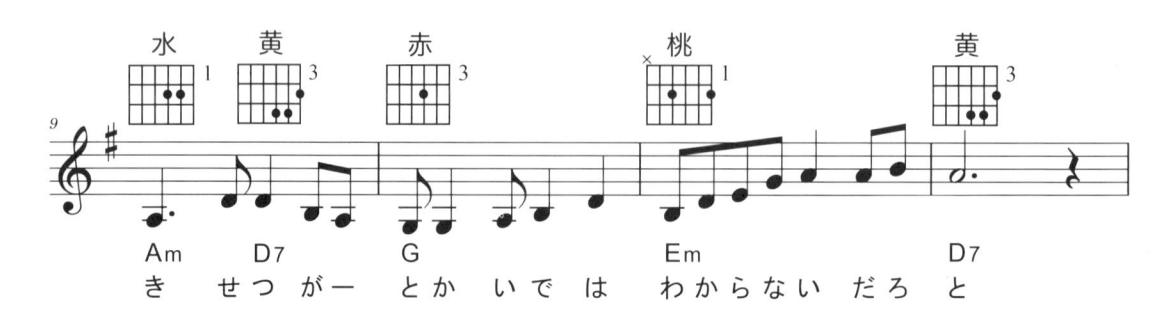

作詞　いではく
作曲　遠藤 実

GD調弦
難易度

赤／水／青／赤／青／赤
G　Am　C　G　C　G

しらかば　あおぞーら　みーなーみーかーぜ

青／赤／桃／黄／赤
C　G　Em　D7　G

こぶしさく　あのおか　きたぐにの　ああ　きたぐにのーはー　る

水／黄／赤／桃／黄
Am　D7　G　Em　D7

きせつがーとかいでは　わからない　だろと

50

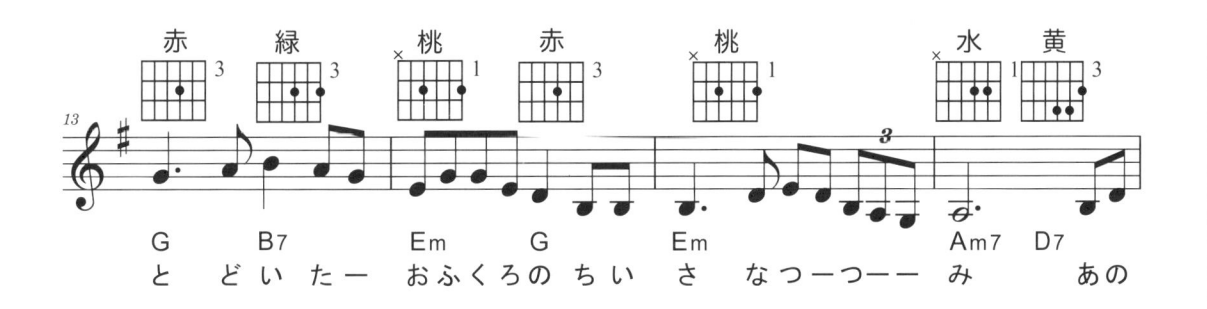

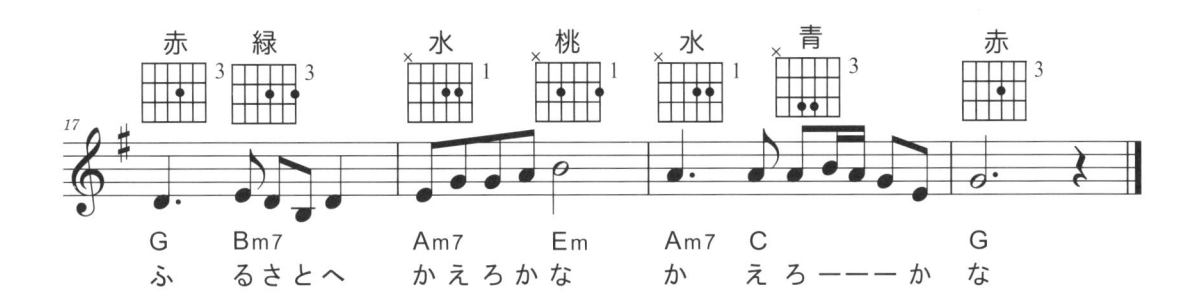

[楽譜: 小節13-20、歌詞「とどいたー おふくろの ちいさなつーつーみ あの ふるさとへ かえろかな かえろーーか な」コード: G B7 Em G Em Am7 D7 / G Bm7 Am7 Em Am7 C G]

●色コードと一般コードとの対応表

一般のコードネームからかんたん弾き語り用の色コードに変換することも可能です。

本書にない曲も「かんたんギター奏」で伴奏できますので、下の一覧表を参考にどんどん取り入れてみてください。ほとんどの曲でうまくいくと思います。

かんたんギター	赤	青	黄	桃	水	緑	白	茶
通常のコード	G・G7	C・C7・Cm	D7・D	Em・E・E7	Am・A・A7	B7・Bm	Gm	B♭

かすれた音もOK

ひとくちmemo

開放弦を鳴らした時と違って、指で弦を押さえると、なかなかクリアな音が出ないことが結構ある。コードの場合は鈍い響きも一つの味なので、全然OK！

要はメロディーとかぶって、コードがいい感じで流れればいいんです。

コード奏で弾き語りをする時は、むしろ、**ビート感**というか、**リズム感**というか、**ドライブ感**というか、そういうものが大事になります。イメージとしては、タンブリンをたたきながら歌ってるつもりで、そのリズムをギターでやっている、という感じですね。

step 6 カポタスト

歌を歌う場合、伴奏のキーは重要です。カラオケではボタン一つでキーを自分の声域に合わせたり、好みのキーに変えて歌うことが当たり前ですね。この伴奏の移調奏をピアノで行おうとすると、かなりの技術と慣れが要りますが、その点ギターは大いにラクです。ギターではごく普通にカポタストを使って、即座に自在にキーを変えられます。もちろん「かんたんギター奏」でも、カポは大重宝です。

カポを使うと、今まで覚えた色コードフォームのままで、演奏できる曲が、いっぺんに増えるわけです。

1 キーとカポタストの位置

カポは、p.10 でも説明したように、クラシック用とフォーク用では形が少し違うので、自分のギターに合ったものを使いましょう。

カポをはめればどんどんキーを高くできるわけですが、あんまり高音部に（つまりヘッドから遠い、ボディに近い位置）持っていくと、今度は指で押さえるスペースが足りなくなってしまいます。それで GD チューニングの場合、キーは D か Dm が限界 (図 19 の7の位置)。クラシックギターだったらフレットの数がフォークより少ないので、C か Cm までです (5 の位置)。

●図 19　カポタストの位置

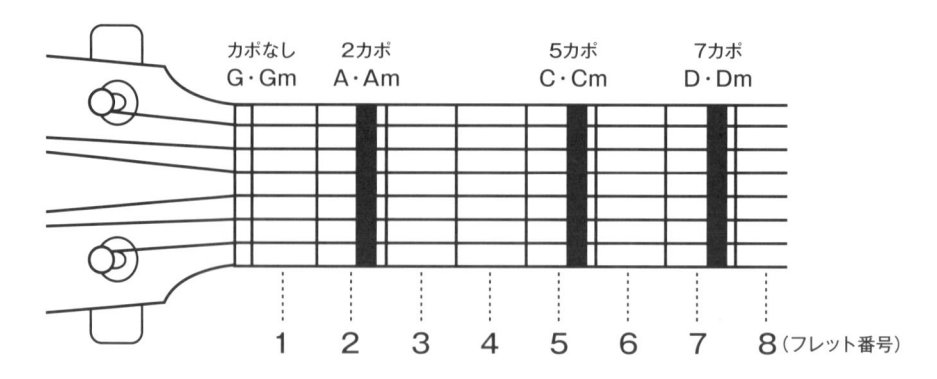

●表　曲の調とカポの位置

キー	G・Gm	A・Am	B♭・B♭m	C・Cm	D・Dm
カポ	なし	2	3	5	7

ゆうやけこやけ

3カポ 実音B♭
5カポ 実音C

GD調弦
難易度

使用コード 赤・青・黄

作詞　中村雨紅
作曲　草川　信

G			D7
ゆうやけ	こやけで	ひがくれ	て

G	C	D7	G
やまの	おてらの	かねがな	る

C	G	C	G
お－て	つないで	みなかえ	ろう

G	D	G D7	G
からすと	いーっしょに	かえりま	しょう

Part A 「かんたんギター奏」入門

step 6 カポタスト

まず、カポタストをつけないままで、演奏してみてください。

これはもう簡単そのモノですよね。

フレットボード図を見て指がスムーズに動いているようでしたら OK です。

ついでに歌ってみてください。声の低い人はそのままでもよいのですが、もう少しはっきりと歌うためにキーを上げた方がよいと感じる人は、いよいよカポタストの出番です。

カポタスト 3 フレットにつけてください。3 カポです。

これでキーが上がり、実音が B♭ になりました。

今度は色のシールを当てにするわけにはいきません。でも、もう指が伴奏パターンのフォームを覚えていると思うので、そのままカポタストで上げた 3 フレット分だけ平行移動する感じで押弦してみてください。

53

いかがでしょう？

　さらにキーを上げたい場合は、カポタストを5フレットにつけましょう。これで歌う実音はキーがCになりました。自分のちょうどよい高さにすればよいので、カポタストは3や5以外の1、2、4、6、7、とどこへつけても構いません。ただし8フレット以上だと、伴奏パターンの押弦が難しくなるので、最高7までとします。

5カポ　実音Cm　　《 四季の歌 》　　使用コード　白・青・黄

作詞・作曲　荒木とよひさ

Gm　は　るをあいする　ひ　と　は　　Cm　こ　ころきよきひ　と　Gm

Cm　す　みれの　はな　の　ような　―　Gm　　D7　ぼ　く　のともだ　ち　Gm

　この曲では伴奏パターンの白を使います。
　これもまず、カポタストなしで演奏してみてください。そして指の移動などが確認できたら5フレットにカポタストを付けます。これで実音のキーはCmになりますので、自分の好みの高さを選んでカポの位置を決めてください。

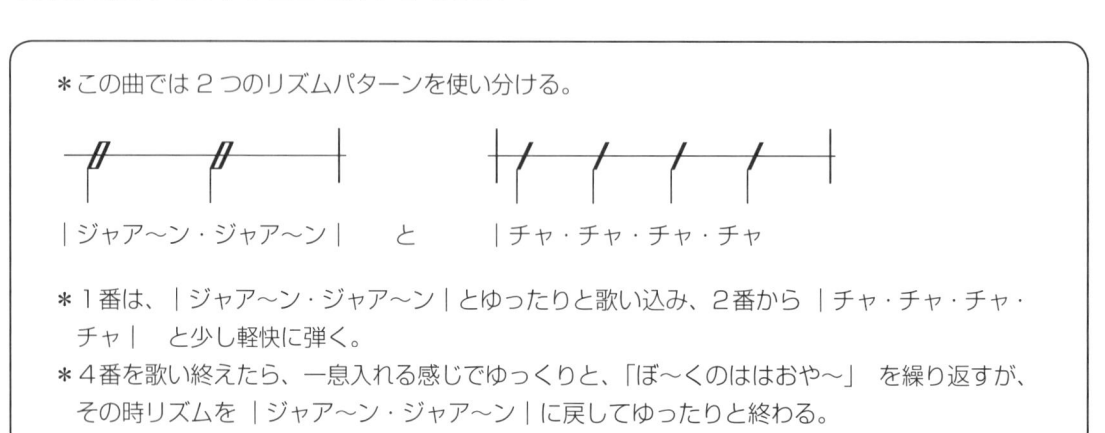

＊この曲では2つのリズムパターンを使い分ける。

|ジャア～ン・ジャア～ン|　と　|チャ・チャ・チャ・チャ

＊1番は、|ジャア～ン・ジャア～ン|とゆったりと歌い込み、2番から|チャ・チャ・チャ・チャ|と少し軽快に弾く。

＊4番を歌い終えたら、一息入れる感じでゆっくりと、「ぼ～くのははおや～」を繰り返すが、その時リズムを|ジャア～ン・ジャア～ン|に戻してゆったりと終わる。

2カポ　実音 Am

《高校三年生》

使用コード　白・青・黄・茶

カポなしで指のフォームと移動を確認してからカポを付けてください。

リズムは、 と歯切れよく。

作詞　丘 灯至夫
作曲　遠藤 実

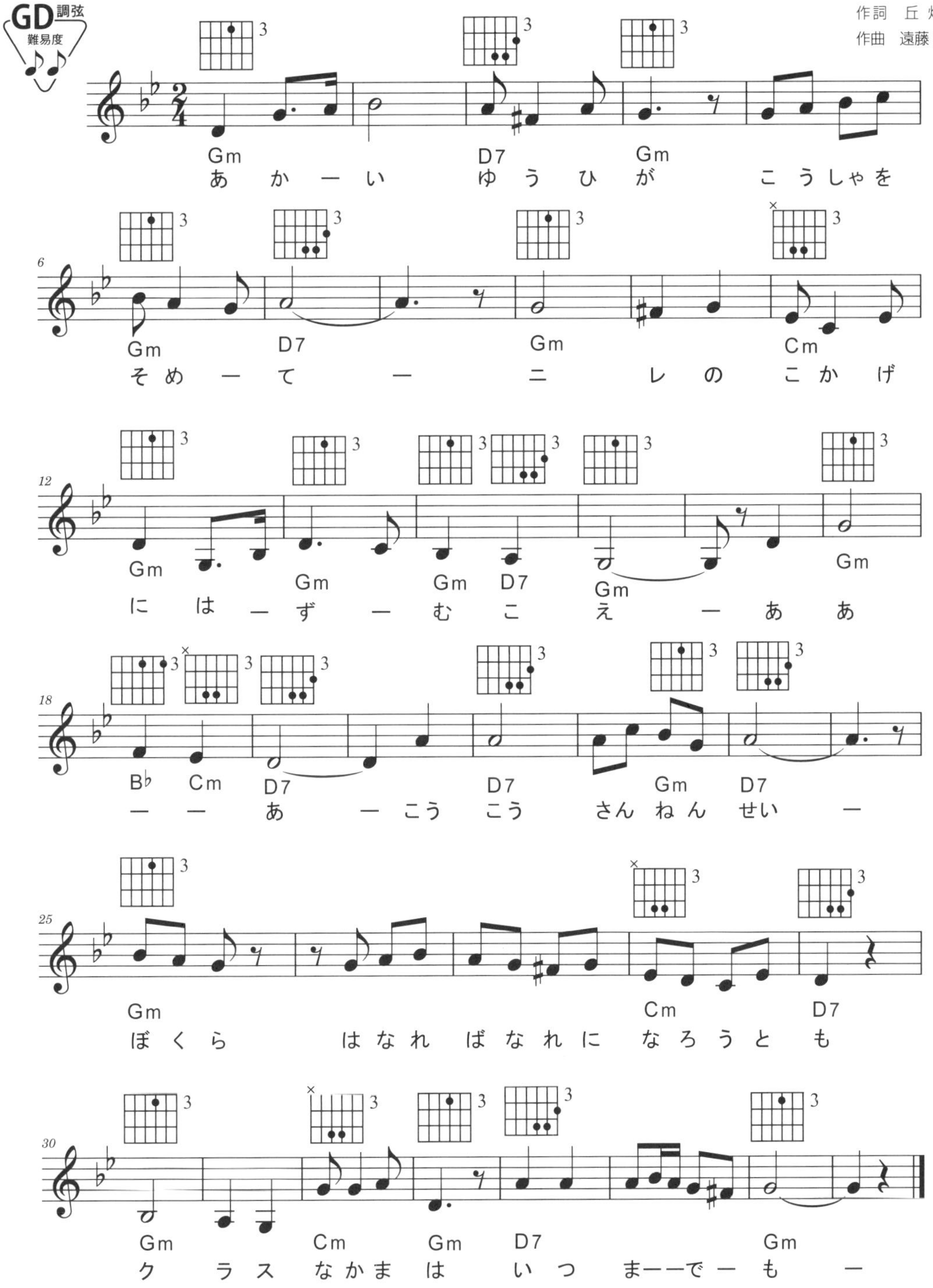

step 6 カポタスト

step 7 チューニング(2)—DA調弦

　かんたんギターの基本のチューニングであるGD調弦は、カポタストを使ってもせいぜいCかCmのキーまでしか使えません。EやFのキーの曲を演奏する必要も、もちろんあるでしょう。それで、その場合は少し面倒ですがチューニングそのものを変えてもらいます。
　それでは早速、下の表や図を見てチューニングしてみよう。

	6弦	5弦	4弦	3弦	2弦	1弦
DA調弦	D	A	D	D	A	D
GD調弦	D	G	D	G	G	D
レギュラー調弦	E	A	D	G	B	E

●図20 「GD調弦」の赤・青・黄から「DA調弦」の赤・青・黄へ

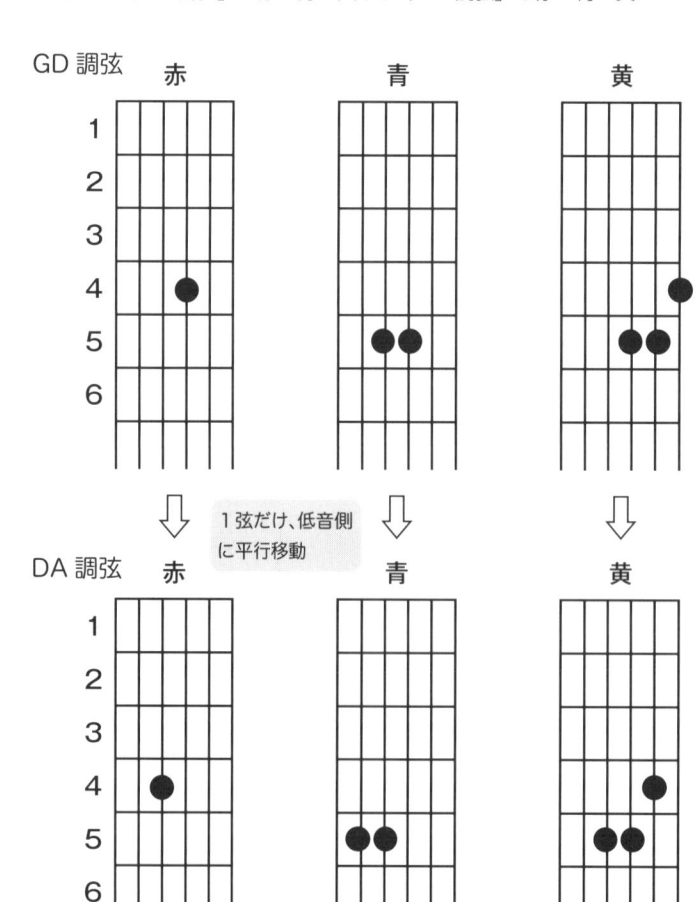

チューニングを変える作業はちょっと面倒に思われるかもしれませんが、押さえるのはとてもかんたんです。

(1)コードフォームはそのままに。
(2)コードを押さえる位置を1弦分だけ低音側に平行移動するだけで、完成！

青・黄以外の他のコードも同様です。1弦分、低音側に平行移動してください。指のフォームは変わりません。演奏は、フレットボード図を見れば自然に演奏できます。

Part A 「かんたんギター奏」入門

DA 調弦

（ジングルベル）　使用コード　赤・青・黄・水

　GD 調弦の時と少し感じが違いますが、フレットボード図を頼りに弾いてみましょう。
　GD の時は青のパターンでは左手親指で第 6 弦をミュートしました。
　DA 調弦では黄の時、第 1 弦のレの音が少し気になるかもしれません。それで押弦の際、2 弦を押さえる人差し指を軽く寝かせて第 1 弦にも触れるようにしてください。第 1 弦を押さえるのではありません。響かないようにミュートするだけです（3、8、12、16 小節の「黄」のコード）。そういう気持ちになるだけでも結構効果がありますよ。

* ジングルベルはほとんどが赤・青・黄のコードだが 1 か所（12 小節）だけ「水」が入る。「鈴のリズムに光の輪が舞う」のところを取り出して、ゆっくりとリズム・パターンを確かめながら練習しておくとよい。
* 他はいきなり曲を弾いていっても大丈夫。
* ただしゆっくりと。指がなじんできたら本来の軽快なリズムで。
* ストロークのタッチはあくまでもソフトに

DA 調弦　難易度

作詞　宮沢章二
作曲　James Pierpont

step 7　チューニング(2)― DA 調弦

は　し　れ　そ　り　よ　　か　ぜ　の　よ　う　に　　ゆ
　　　　　　　　　　　　D　　　　　　　　　　　　G

き　の　な　か　を　　か　る　く　は　や　く　　わ　ら　い　ご　え　を　ゆ
　　　　　　　A7　　　　　　　　　　　　　D

き　に　ま　け　ば　　あ　か　る　い　ひ　か　り　の　は　　な　に　な　る　よ
　　　　G　　　　　　　　　　　　D　　　　　A7　　　　　D

DA 調弦の魅力

　本書で DA 調弦には、「GD 調弦によるかんたん弾き」の補助的な扱いとして登場してもらいました。実はこのチューニングも GD に負けず劣らず魅力的な響きです。何しろ最低弦（音の高さですよ！）が D なので安定感があり、弾いていてとても落ち着き、全体のバランスがよいのです。ただ少し難を感じるのは、第 3 弦を通常の G から D に低くすることでテンション（弦の張り具合）がかなり緩くなってしまうため、今回は GD の補助に甘んじました。

この DA 調弦も当然ソロに使えます。

　GD 調弦で 1 弦法で演奏した曲を、DA 調弦では 2 弦法に、同様に 2・3 弦法で演奏した曲は 3・4 弦法として演奏すれば、また違った感じのソロができます。これもぜひぜひお試しあれ！

　みなさんがどんどん工夫して使ってくだされば、DA 調弦は GD と並んで主役になれるチューニングです。

Part A 「かんたんギター奏」入門

星影のワルツ

DA調弦　　使用コード　赤・青・黄・桃・水

*右手のリズムは、ズン・チャッ・チャーとゆったりと3拍子を刻んでいく。

作詞　白鳥園枝
作曲　遠藤 実

D　　　　　A　　　　　D
わかれる　こーとーは　つらいーけーど

Bm　　　　　　　　　　D　　　　　A
しかたが　ないんーだ　きみのたーめ

D　　　　Bm　　　　Em　　A7　　D
わかれに　ほしかげの　ワルツをうたおう　ー

Bm　　　　　　　　　　G　　　　　A
つめたい　こころじゃ　ないんだ　よ

Bm　　　　　　　　　　G　　　　　A
つめたい　こころじゃ　ないんだ　よ

D　　　　　Bm　　　　A　　　　D
いまでもー　すーきーだ　しぬほどに　ー

step **7** チューニング(2)ーDA調弦

DA調弦 3カポ 実音F

上を向いて歩こう

使用コード
赤・青・黄・桃・水・緑

カポタストを付ける前にコードフォームと移動を十分に確認し、ゆっくりと弾いてみてください。指がなめらかに移動できるようになったら、カポタストを3フレットにつけてください。

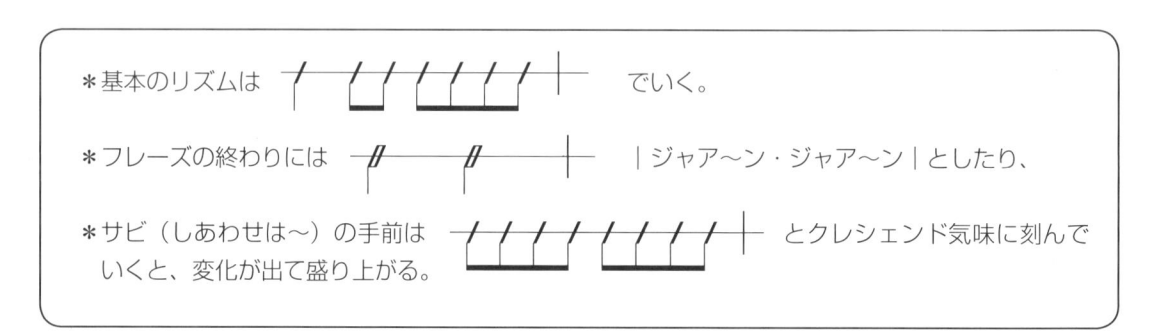

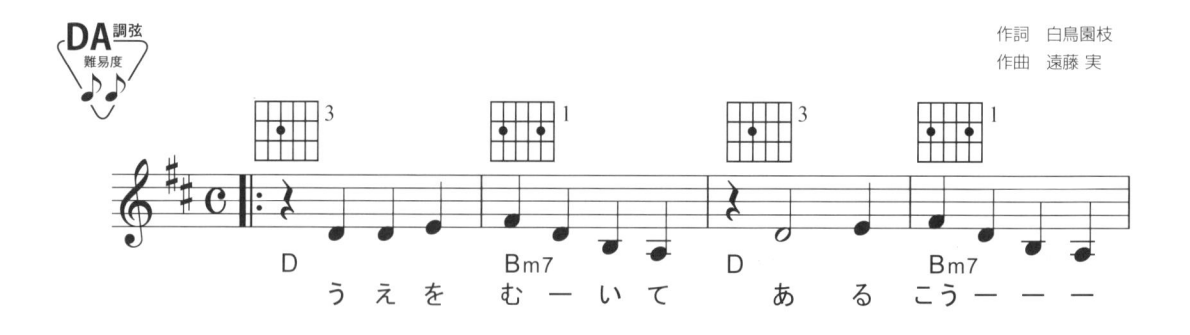

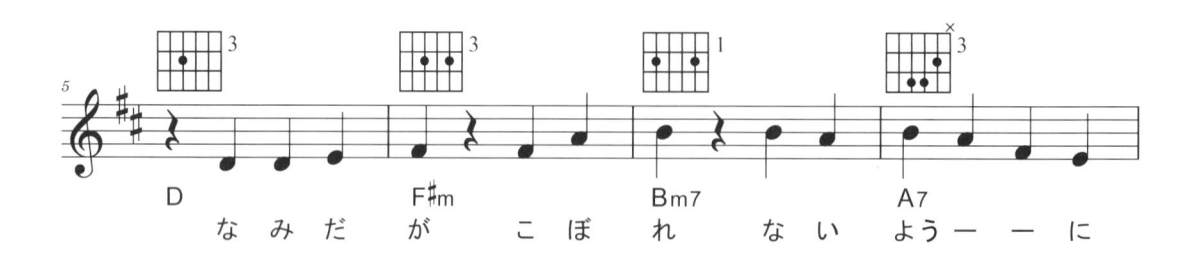

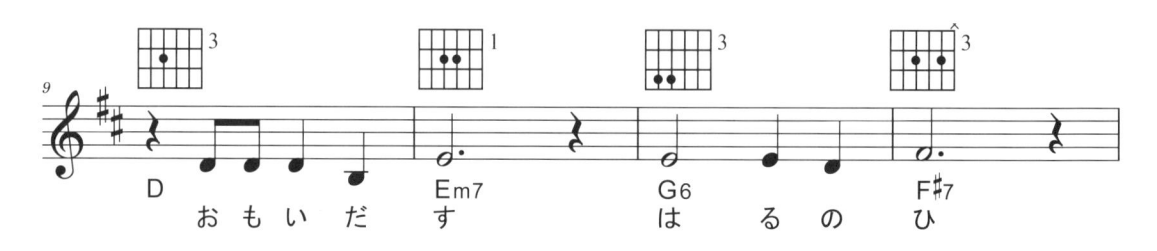

* 基本のリズムは ♩♫♫♫ でいく。
* フレーズの終わりには ╱ ╱ |ジャア〜ン・ジャア〜ン|としたり、
* サビ（しあわせは〜）の手前は ╱╱╱╱╱╱╱ とクレシェンド気味に刻んでいくと、変化が出て盛り上がる。

作詞　白鳥園枝
作曲　遠藤 実

DA調弦 難易度

D　　　　　　Bm7　　　　D　　　　　　Bm7
うえを むーいて あ る こうーー

D　　　F♯m　　　Bm7　　　A7
なみだが こぼれ ない よーーに

D　　　Em7　　　G6　　　F♯7
おもいだ す は るの ひ

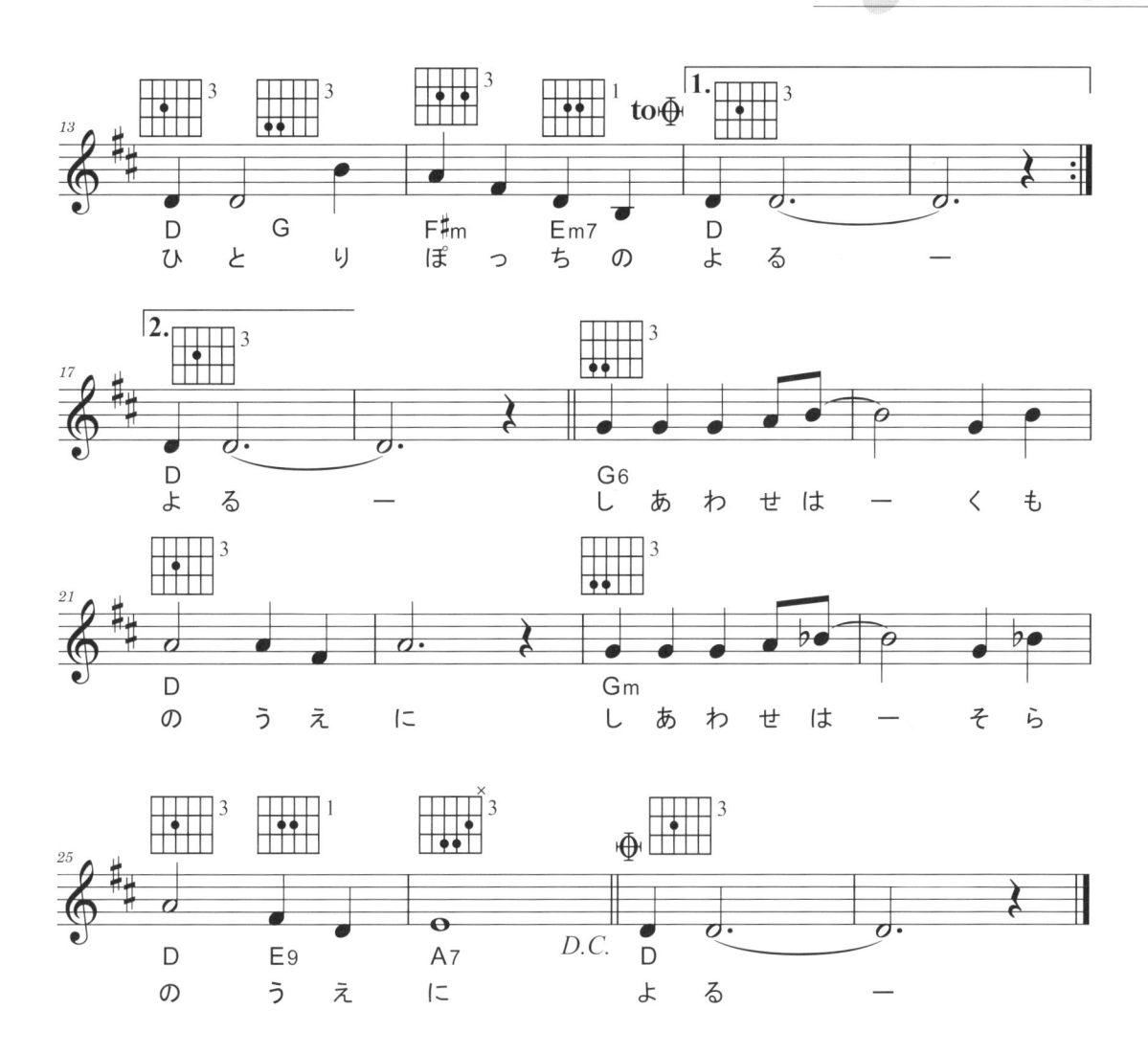

●かんたんコードと一般コードの対応表

かんたんコード（GD調弦・DA調弦）と、一般コードとの対応を確認しておきます。

かんたんギター 色コード	赤	青	黄	桃	水	緑	白	茶
GD調弦	G・G7	C・C7・Cm	D7・D	Em・E・E7	Am・A・A7	B7・Bm	Gm	B♭
DA調弦	D・D7	G・G7・Gm	A7・A	Bm・B・B7	Em・E・E7	F♯7・F♯m	Dm	F

あなたの好きな曲をぜひ「かんたんコード」で弾き語ってください。

step 8

かんたんソロ ― 3・5弦法

指のフォームの作り方

　2本の弦を同時に押さえてメロディーを浮かべるのですが、2・3弦法と違って、**間に第4弦を置いて、第3弦と第5弦を押さえます**。この時どうしても第4弦に指が当たりがちですが、第4弦を開放弦で響かせながら、弾いていくのが厄介なところです。

指を開く・指を立てる

●図21　弦の押さえ方（3・5弦法）

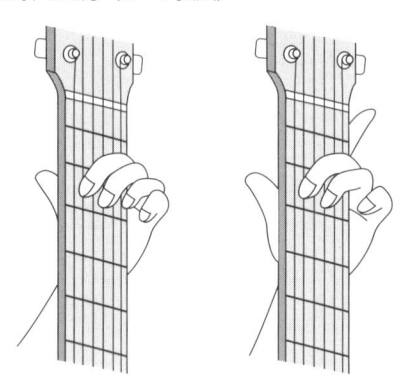

　この2つを同時に気をつけてください。指は2・3弦法の時と同様、人差し指と中指、または中指と薬指です。

　押弦する指の間の第4弦が開放ですので、よく響くように気をつけてください。

　この形を崩さないでネックに沿って左手を平行移動させながらメロディを浮かべるわけです。

　ある程度しっかりと指を立てておかないと、うまく響かない。逆に言えば、これでメロディーがしっかり浮かべられれば、「弦の押さえ方はかなりいい」と言えます。

(かえるの合唱)

GD調弦　難易度♪♪

　2・3弦法での「かえるの合唱」(p.30)が女声コーラスとすると、この3・5弦法では男声コーラスに聞こえるでしょう。

ドイツ民謡

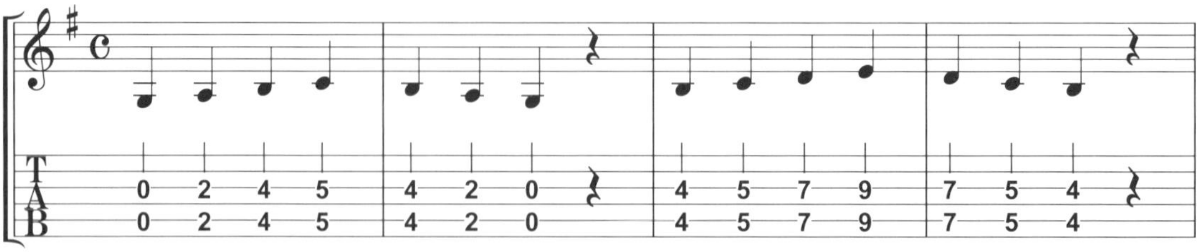

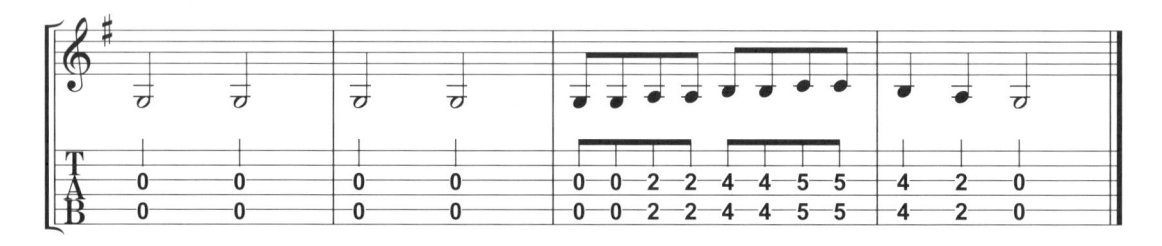

ほたるこい

* 7とか9までいくとちょっと難しい感じがするかも知れないが何度かやると必ず慣れてくる。
* 2・3弦を使う、スプリットのない2弦法でも試しておくとよい。

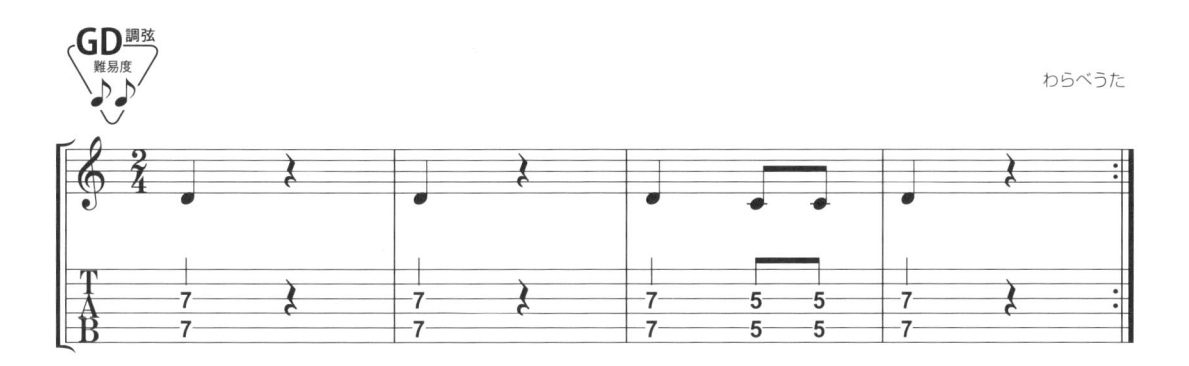

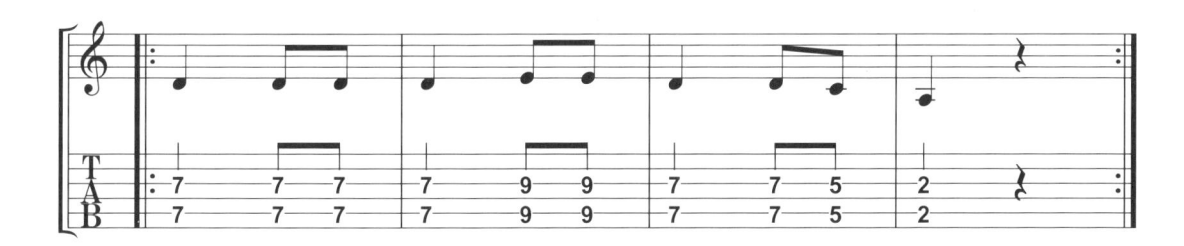

わらべうた

さくらさくら

これまでソロや弾き語りでやってきた指づかいを使えば、難なくできると思います。
タブで音を確かめておいて、演奏する時はフレットボードの方を見る方が楽でしょう。

* ストロークはアルペジオ気味に。
* 2分音符は6弦から弾き下ろす。
* 8分音符のところは押弦している弦を狙って軽く弾く。
* ゆったりとおごそかに演奏できたら、8ビートのアップ・ダウンのストロークで早く弾くことも試みる。
* 1番ゆっくり、2番速く、3番ゆっくり、といふうに変化を付けると聞き応えのある演奏になる。

わらべうた

アメージング・グレース

* 最初の4小節はイントロである。
* 3連符がスムーズにいくよう、そこだけは取り出して練習するとよい。
* 五線譜のメロディでタイでつながっている部分も、もう一度弾きなおすと、ビートがはっきりしてよい。ただし同じ音を繰り返すわけなので2度目は弱く弾く。
* ゆったり伸ばすところは6本の弦すべてを全弦弾くが、動きのある部分では押弦している弦を中心に軽く弾けばよい。

黒人霊歌

step 9 セーハを制覇

「セーハ」とは、1本の指で同一フレットの複数弦 (最多6本) を同時に押さえることです。
　ギター演奏の最初にして最大の難関で、ここでギターに挫折したと語る人も多いセーハです。でも必死になって猛特訓するんじゃなくて、セーハでゆったり遊んでみましょう。
　セーハ制覇へのステップとして、かんたんギター奏の特徴を生かした3つのステップを用意しました！

1 セーハ制覇への3つのステップ

●図22　セーハ制覇のステップ

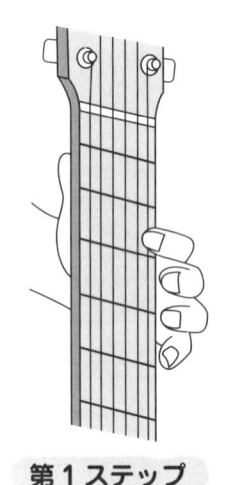

第1ステップ
第1弦（一番細い弦）だけを押さえてすべての弦を鳴らす（かんたんソロで習得済み）

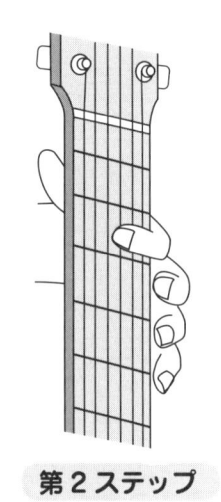

第2ステップ
人差し指で弦を2本か3本押さえて同時に鳴らす

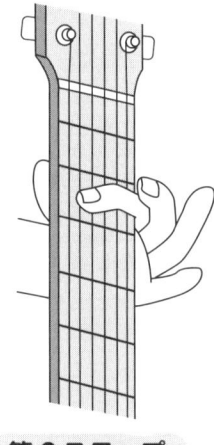

第3ステップ
人差し指を伸ばしてなるべく多くの弦を押さえる（限りなく通常のセーハに近い）

ポイントは、指で押さえた弦が確実に響くこと！
第3ステップくらいになると、ほとんど完全なセーハと変わらないくらいの効果があります。
ここで、コツを一つ伝授します。
人差し指に中指を絡めて応援すると
押さえる力がアップします。
ぜひ試してみてください。

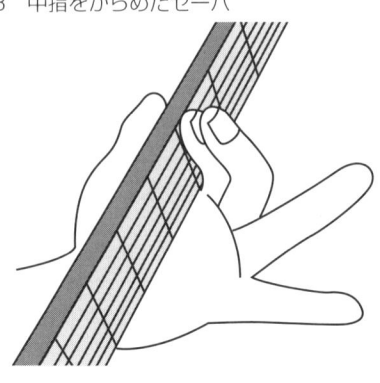

●図23　中指をからめたセーハ

Part A 「かんたんギター奏」入門

★もう一つのセーハ法

親指と人差し指でネックを巻き込むように押さえます。
真ん中の3・4・5弦あたりはキチンと鳴っていなくても（指でミュートされている状態であれば）OKです。

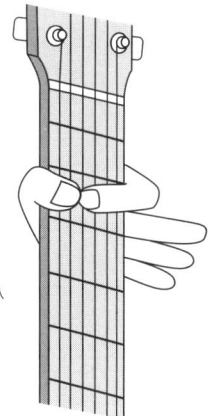

●図24 親指も使ったセーハ

② セーハで3コード　数字コード

早速セーハの練習。かんたんギター奏のGD調弦では、セーハを使ったコード奏が可能になります。

開放（オープン）のフレット番号を0として、**0 → 5 → 7** を順にセーハしてみよう。

この **0 → 5 → 7** は、第2ステップ以上のセーハができれば、3コードとしても十分に通用します。

試しにみなさんよくご存じの曲でやってみましょう。

step 9 セーハを制覇

《 きよしこの夜 》

GD調弦 難易度

日本語詞　由木 康
作曲 グルーバー

| G | G | D7 | G |

0 / 0 / 7 / 0
きーよし　このよる　ほしは　ひかり

| C | G | C | G |

5 / 0 / 5 / 0
すくいーの　みーこは　みははーの　むーねに

| D7 | G | G D7 | G |

7 / 0 / 0 7 / 0
ねむりーた　もう　ゆーめやすくー

他の曲でもこの方法でコードの演奏ができます(下の対照表で読み替えます)。
「ゆうやけこやけ」や「幸せなら手をたたこう」など、ぜひ試みてください。

これまでのコードフォームをセーハの番号に読み替えると
赤→0　青→5　黄→7 です。

●図25　ギターを立てて構えると
　　　セーハが楽に

たくさんの人がつまずいたセーハなのでそんなに簡単にはいかないかもしれませんが、ステップ2でもコードの感じは出るので、たくさん弾き語りで使ってみてください。

コツは、弦が当たる人差し指よりも、**ネックを裏で押さえこむ親指にしっかり力を入れること。**

それとセーハが続くと指よりも手首が大変。この対策としては、ギターを**なるべく立てて構えること**。これだけでセーハがずいぶんと楽になります。

このようにセーハもコード伴奏に使えます。
これまでの**色コード**に対して、こちらは**数字コード**と呼ぶことにします。

❸ 色コードと数字コード

　色コードとセーハの数字コードは、一般のコードと対応しています。一般のコードネームを色コードや数字コードに読み替えて、かんたん弾き語りに応用してみましょう。

●表　コードフォーム(色)とセーハ番号の対応表

GD調弦

かんたんギター 色コード	赤	青	黄	桃	水	緑	白	茶
セーハの番号 数字コード	0	5	7	9	2	4	0	3
一般コード	G・G7	C・C7・Cm	D7・D	Em・E・E7	Am・A・A7	B7・Bm	Gm	B♭

Part A 「かんたんギター奏」入門

ひとくち memo

これは便利！「セーハアシスト」

ところで、セーハ制覇を目指すあなたに強いサポート・グッズがあります。
「セーハアシスト」と言い、僕が考案しました。この指袋を人さし指にはめるだけで、6本の弦をラクラク制覇できます。皮革製なので指の動きになじみ、汗でもすべらない、かつ押さえの強度はバッチリ！

手作りした僕の試作品を基に、「レザーショップ・フィドラー」というお店が「セーハアシスト」を製品化し、使い勝手が良くてカッコいい商品となりました。

入手方法：フィドラー　レザー・ワークショップ中百舌鳥 本店にお問い合わせください。
　　　　〒591-8023　大阪府堺市北区中百舌鳥町 2-299-3
　　　　TEL：072-251-4719　／　FAX：072-253-5641
　　　　HP：http://www.f-l-w.net/shop.html

●写真 7a 「セーハアシスト」は皮革製　　●写真 7b 「セーハアシスト」でセーハをラクラク制覇

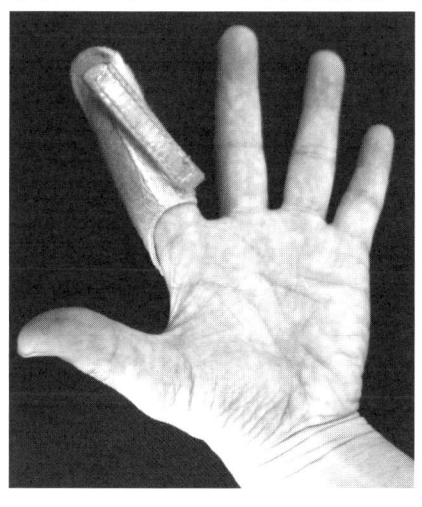

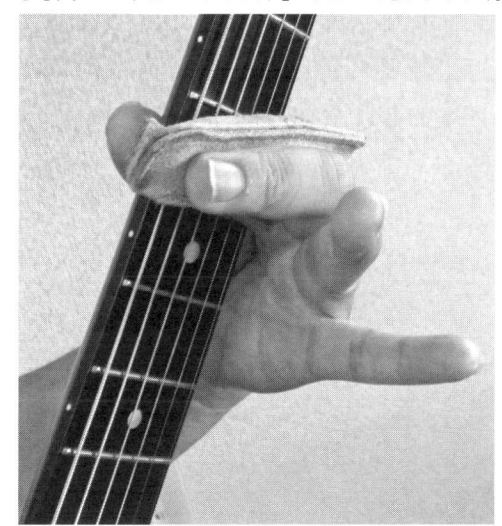

step 9 セーハを制覇

セーハを長く続けるのはギターに慣れた人でも大変です。これは弦を押さえる人差し指の力の有無というよりは、ネックと垂直に人差し指を横断させ、その形を保つこと、この無理な屈折が手首に響くからなんです。

そこでセーハアシスト。写真でも分かるようにフレットを押さえる部分（ここも革製）と指のサックとはマジックテープで着脱が自在になっているので、お好みの角度に貼り変えられることです。これでセーハが続く演奏もかなりラクチンです。

一五一会や音来の場合、セーハだけで弾き語りをすることが多いので、このセーハアシストが強い味方になります。セーハアシストを使うことで、自然と指や手首が慣れて、セーハ制覇につながります。

④ セーハで名曲に挑戦

（(スペイン風)）

まずはスペイン風のフレーズでセーハの手慣らしです。
ナイロン弦の方が、それらしく鳴るかもしれませんね。

＊歯切れ良いリズムで刻み、最後だけは見得を切るように、ジャラ〜ンと開放弦をアルペジオで付け足す。最後に「オーレイッ！」とかけ声を。

（(スモーク・オン・ザ・ウォーター)）

SMOKE ON THE WATER
Words & Music by Roger Glover, Ian Paice, Ritchie Blackmore, Jon Lord and Ian Gillan
©1972 HEC MUSIC
Permission granted by EMI Music Publishing Japan Ltd.
Authorized for sale only in Japan

エレキでは誰もが最初に挑戦する名曲です。まさにこのチューニングにぴったりです。
　曲をご存じの方は、リズムをカッコ良く決めてください。ご存じない方は You Tube で聴くことができるので、聴き覚えてぜひマスターしてください。

＊まず第2ステップ程度の2〜3弦の小セーハでやってみる。押さえていない他の開放弦が鳴ってもよい。
＊休符をはっきりと表現するには、セーハしている指を速いタイミングで放していくとよい。

作曲　ディープ・パープル

《ミッション・イン・ポッシブル》

「スパイ大作戦」のテーマ曲でご存じの方も多いでしょう。
メロディを鍵盤ハーモニカかキーボードで演奏して一緒に合わせると迫力が出ます。

＊指の動きが大きいので、移動するフレットを覚えて、楽譜から目を離すとラクに演奏できる。

作曲 L. シフリン

いい湯だな

リズムは8ビートが基本。歌にノッていければ自由にやってよい。
セーハで難しいのは「9」から「2」への大きな移動。ここでもたつくと、ノリが悪くなる。
「9」から「2」を何度も練習して、フレットを見なくても移動できるように！

GD調弦 難易度

作詞 永 六輔
作曲 いずみたく

ババン バ バンバン バン　ババン バ バンバン バン

いいゆだ な ハハハ　いいゆだ な ハハハ

ゆげが てんじょうから ポタリと せなかに

つめてェ な ハハハ　つめてェ な ハハハ

ここは きたぐに のぼりべつの ゆ

一五一会・音来・奏生 …4弦セーハのGD調弦ギター

「一五一会」とは、バンドの BEGIN が考案し、国産ギターの製造会社である㈱ヤイリ・ギター (K. ヤイリ) が製品化した **GD 調弦の 4 弦ギター**です。左手の人差し指 1 本でどんな曲でも弾けるということで話題になりました。

　ボディの形がユニークなデザインで、**ネックが細いので確かにセーハはしやすい**です。また造りがしっかりしているので、ハイポジションでセーハしても音程が狂う心配はない。ただ、このような特別仕様のため当然のことですが、高価です。それで廉価版として、一五一会より一回り小さい音来 (ニライ)、さらに小型でナイロン弦仕様の奏生（カナイ）も販売されています。音来でもギターの値段としては、普通よりやや高価な部類に属するでしょう。良いものが高くつくのはやむを得ないとも思いますが…。

　演奏は**セーハによってコード伴奏をすることが基本**で、そのために初心者でもセーハがしやすいようにネックが細く作られているし、高音部へも移動しやすい。3 度抜きのコードですので、メジャーやマイナーあるいはセブンといった区別はなく、漢数字の一・二・三・四・五・六・七とそれに♭や♯を付けて、どんな曲でもコード伴奏ができるようになっています。

　チューニングは GD を基本にしていますが、曲や歌う人の声に合わせて緩めたり、張ったりすることも OK です。これは三線の使い方をイメージしてのことだそうです。

　ただ、セーハだけで 1 曲弾き続けるのは、やはりギターに慣れた人でもそれほど簡単なことではありません。その点、僕の「セーハアシスト」(p.69) を使うと、結果的に一五一会の演奏をかなりラクにしてくれるでしょう。セーハだけで通すのであれば、例えば人差し指と薬指にセーハアシストを付けて（付けなくてもよいが）、押さえるポジションによってセーハする指を交代させるのも一つの手です。人差し指ばかりを使うよりはラクにできます。

　一五一会は、セーハでコードを奏でて弾き語りの伴奏楽器にするだけでなく、さまざまに押弦してギターソロや本格的な演奏をすることも広まってきています。それらの可能性はとても大きいと思いますし、この点では、僕のかんたんギター奏の特性との共通点・接点もたくさん出てくると思います。

　もし一五一会や音来をお持ちなら、僕の「かんたんギター奏」の色コードフォームを試してみてください。弦が少ないので押さえるのはもっとラクになります。また 1 弦法のソロもできます。2・3 弦法は、2 弦だけの 2 弦法とすれば、これもそのまま本書の楽譜が使えます。

　一五一会に触れてみると、4 弦の気軽さ、弾きやすさを誰しも実感されることでしょう。しかし、同時に 6 弦ギターの響きの豊かさにも改めて心惹かれるようになるのではないでしょうか。

step 10

弾き語り名曲集（2）

《 千の風になって 》

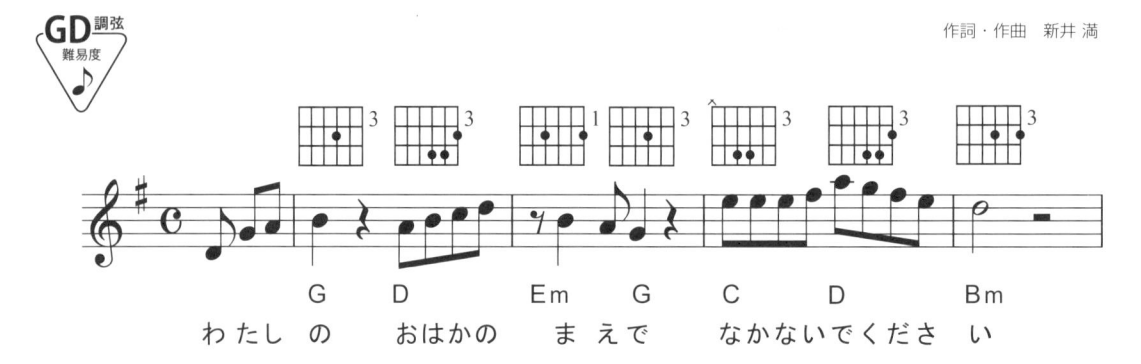

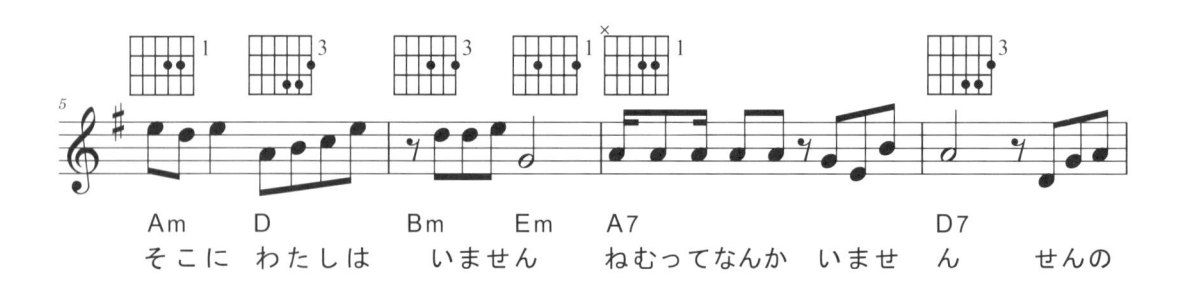

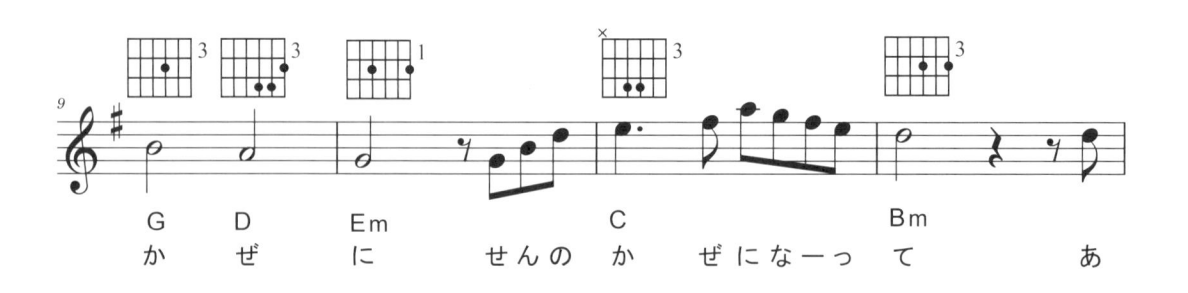

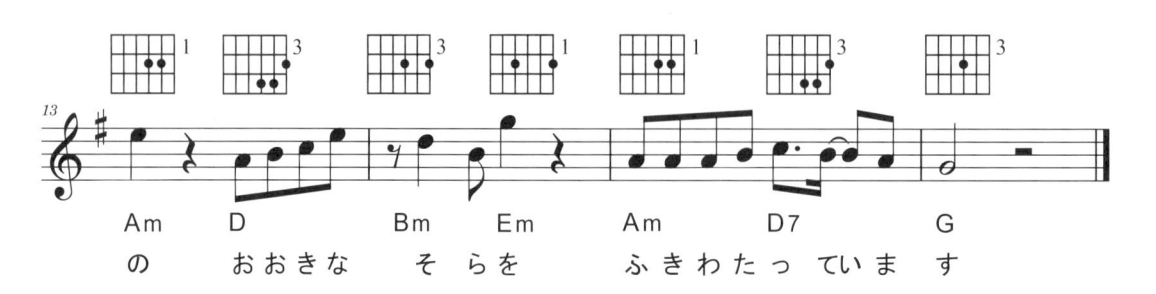

3カポ　実音B♭
5カポ　実音C

GD調弦
難易度 ♪

作詞・作曲　新井 満

| G | D | Em | G | C | D | Bm |

わたし の　　おはかの　　まえで　　なかないでくださ　い

| Am | D | Bm | Em | A7 | | D7 | |

そこに　わたしは　　いません　ねむってなんか　いませ　ん　　せんの

| G | D | Em | | C | | Bm | |

か　　ぜ　　に　　　せんの　か　ぜになーって　　　　あ

| Am | D | Bm | Em | Am | D7 | G |

の　　おおきな　　そらを　　ふきわたっています

バラが咲いた

5カポ　実音C

作詞・作曲　浜口庫之助

G
1. バラがさいた　バラがさいた　まっかなバラーが
2. たったひとつ　さいたバラ　ちいさなバラーで

C　　　　　　　**G**　　　　　　　**D7**　　　　　　　**G**
さ　びしかった　ぼくのにわに　バーラがさい　た
さ　びしかった　ぼくのにわが　あかるくなっ　た

C　　　　　　　**Bm**　　　　　　**Am**　　**D7**　　　**G**
バ　ラよーバラよ　　ちいさ　な　ーバラ

B7　　　　　　　**Em**　　　　　　**A7**　　　　　　　**D**
そのままで　　そこにさいてて　おくれ

G　　　　　　　　　　　　　　　　**G**
バラがさいた　バラがさいた　まっかなバラーが

C　　　　　　　**G**　　　　　　　**D7**　　　　　　　**G**
さみしかった　ぼくのにわに　バラがさい　た

リンゴの唄

2カポ　実音Am
GD調弦

作詞　サトウハチロー
作曲　万城目 正

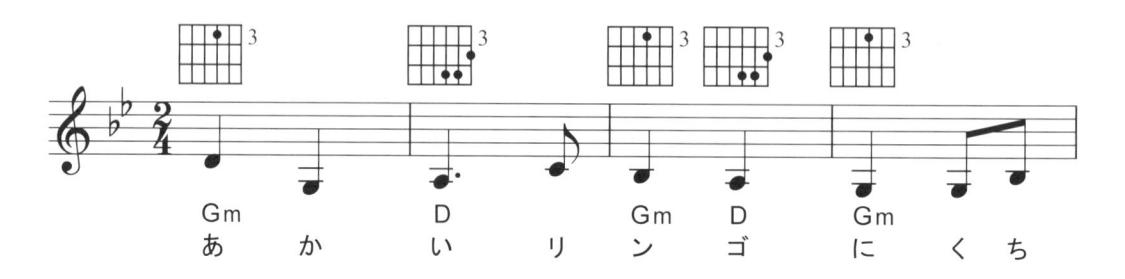

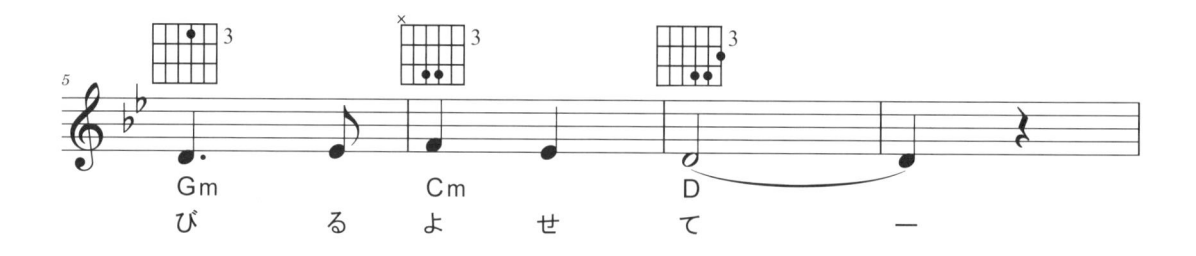

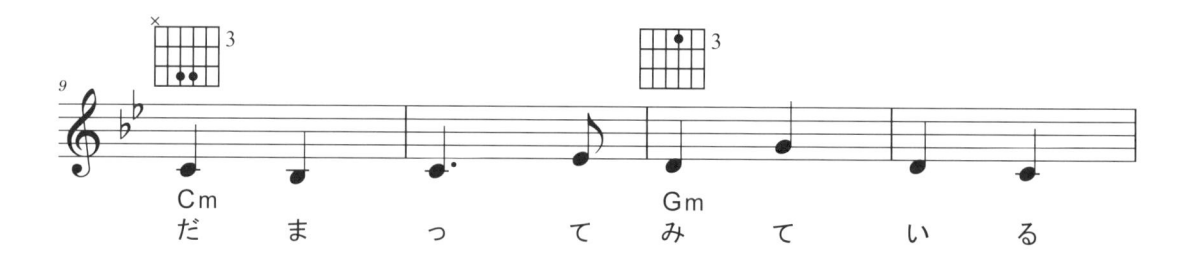

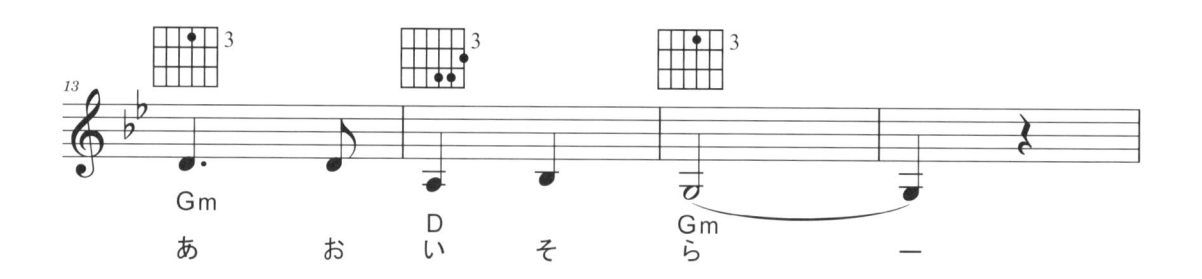

Gm　　　　D　　　　Gm　D　Gm
あかいリンゴにくち

Gm　　　　　Cm　　　D
びるよせて―

Cm　　　　　　　Gm
だまってみている

Gm　　　D　　　Gm
あおいそら―

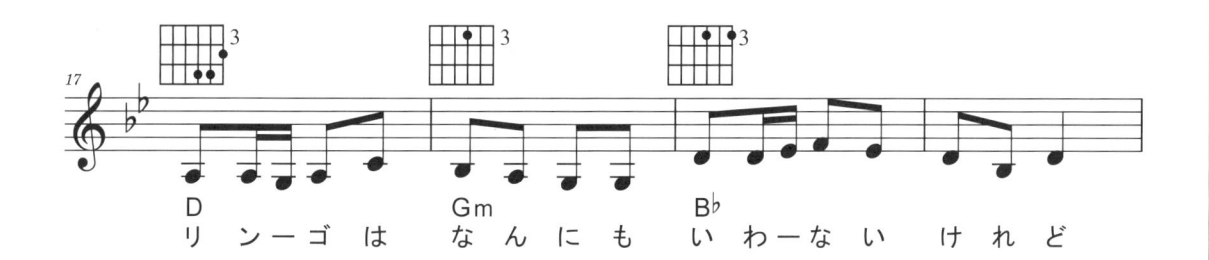

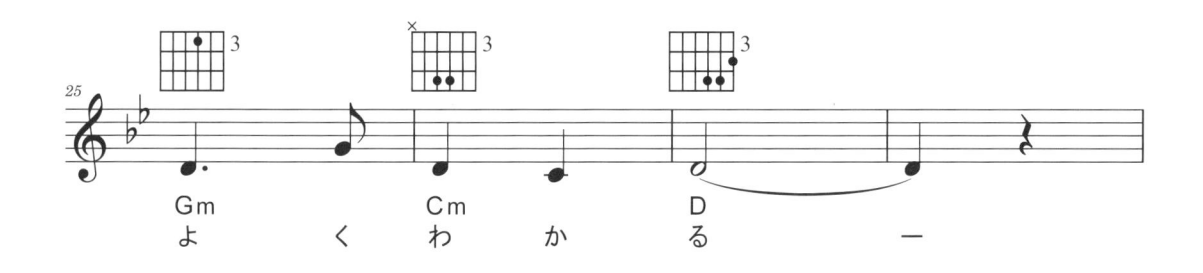

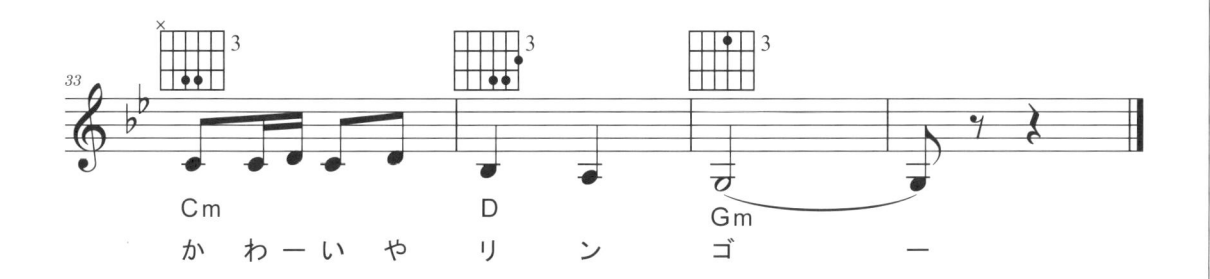

Part A 「かんたんギター奏」入門

| D | Gm | B♭ |

リン－ゴは なんにも いわ－ない けれど

Gm

リ ン ゴ の きもち－ は

Gm Cm D

よ く わ か る －

Gm

リ ン ゴ かわいや

Cm D Gm

かわーいや リン ゴ －

step 10
弾き語り名曲集(2)

2カポ　実音Am

((ともしび))

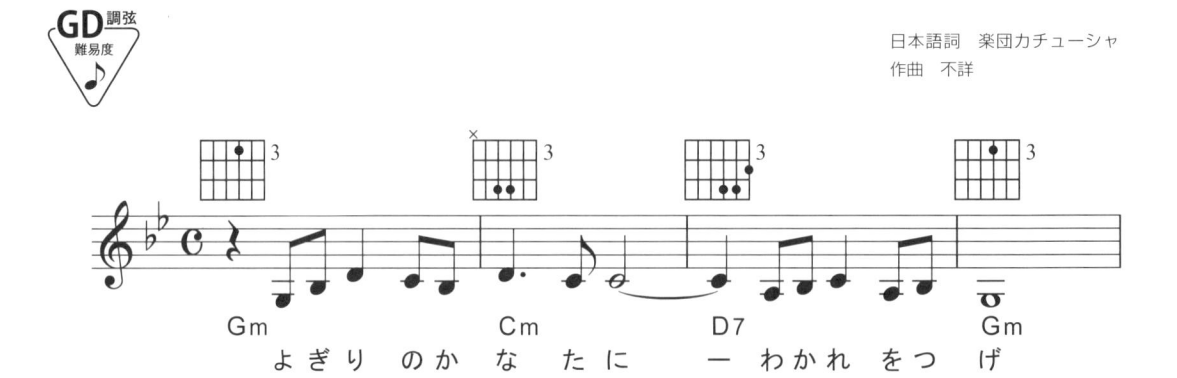

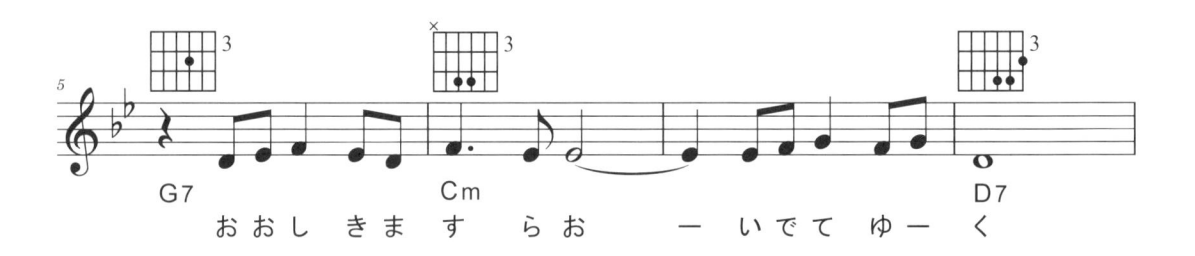

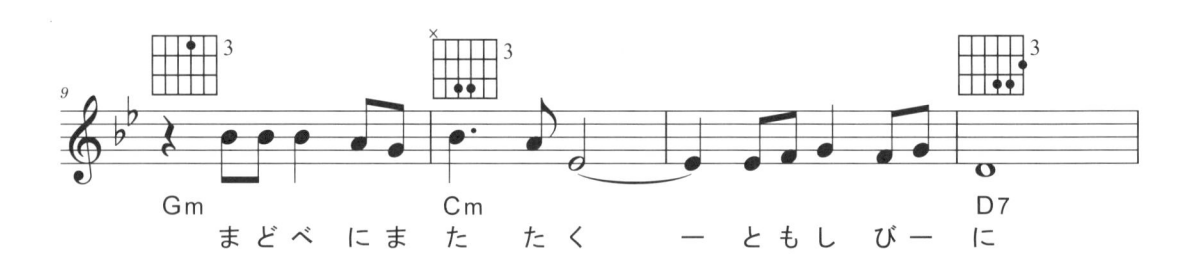

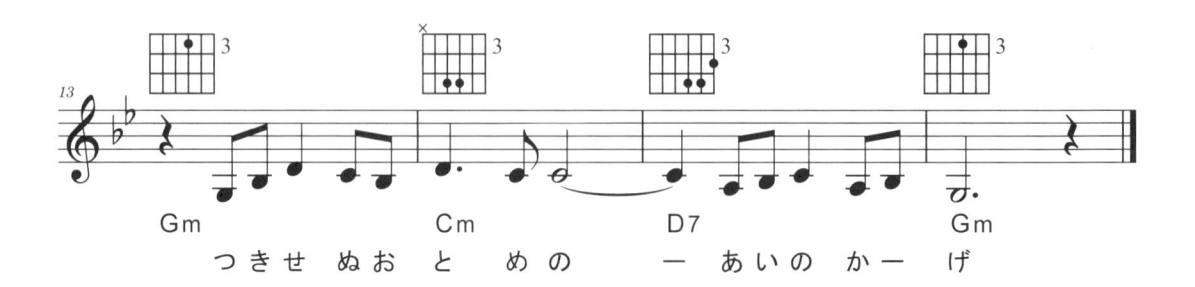

日本語詞　楽団カチューシャ
作曲　不詳

Gm　　　　　　　　　　　Cm　　　　　　　D7　　　　　　　　Gm
よぎりのか な たに　― わかれ を つ げ

G7　　　　　　　　　　　Cm　　　　　　　　　　　　　　　　D7
おおし き ます ら お　― いでて ゆ ― く

Gm　　　　　　　　　　　Cm　　　　　　　　　　　　　　　　D7
まどべ に また たく　― ともし び ― に

Gm　　　　　　　　　　　Cm　　　　　　　D7　　　　　　　　Gm
つきせぬお と めの　― あいの か ― げ

ца
《カチューシャ》

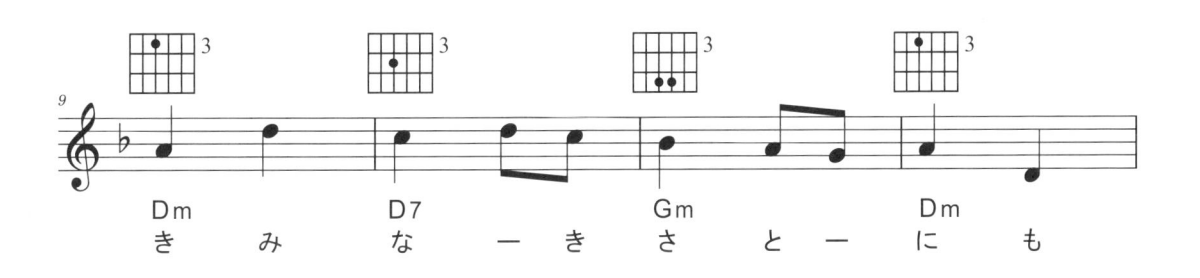

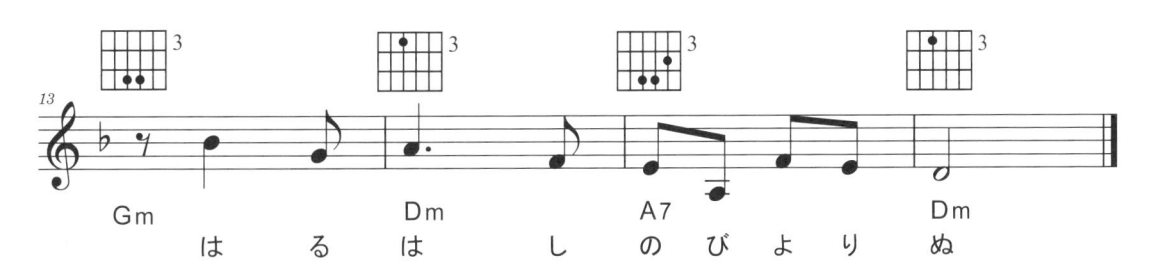

日本語詞　関 鑑子　丘 灯至夫
作曲　M. ブランテル

Dm りんごの はな ほころび
A7 かわもに かすみたち
Dm きみ な——き さと——にも
D7　Gm　Dm
Gm はる は しのびより ぬ
A7　Dm

Katyusca
Lyric by Mikhail Vasilevich Isakovski Music by Matvej Issakovich Blanter
©Mikhail Vasilevich Isakovski / Matvej Issakovich Blanter
©NMP
Assigned to Zen-On Music Company Ltd. for Japan

矢切の渡し

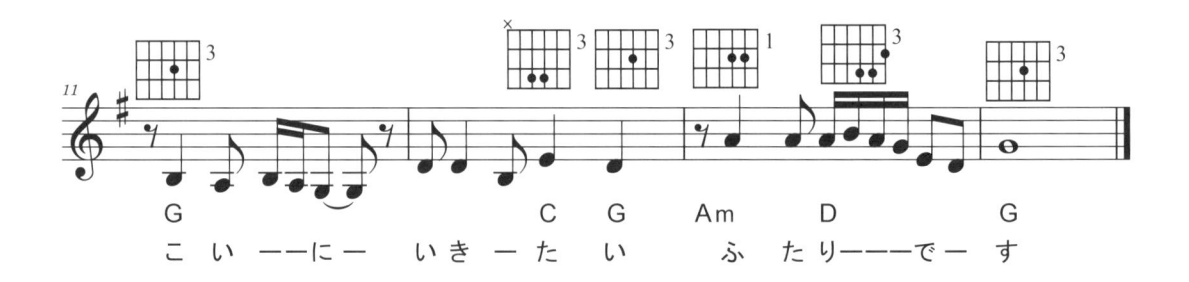

3カポ 実音B♭

GD調弦
難易度

作詞　石本美由起
作曲　船村 徹

G　　　　　　　　　　　　　　　　Em
つれてー　にーげて　よ　　ついてー　おーいで

Am　　G　　　　　　　　　　　　　　　　　　　　　Em　　G
よ　　ゆうぐれのー　あめがふるー　やぎりのー　わたー

Em　　Am　　　　　　　　　　　　Em　　　　　　D
し　　おやの　こころにーーそむいてー　までも

G　　　　　　　　　　　　　　C　G　Am　D　　G
こいーにー　いきーたい　ふたりーーでーす

2カポ　実音Am

青い山脈

作詞　西條八十
作曲　服部良一

Gm　　　　　　　　　　　　　　　Cm　　　　　Gm
わかく あかるい うたーごえ に

D7　　　　　　　　　　　　　　　　　　　　　　Gm
なだれは ー きえる はなも さく

B♭　　　　G7　　　　　　Cm　　　　　　D7
あ ー おい さんみゃー く

Gm　　　　　　A7　　　　　D7
ゆきわり ざーくー らー

Gm　　　　　　　　　　　　　　　　Cm
そらーのはて きょうも われらの

Gm　　　　D7　　　　　　　　Gm
ー ゆ ー め ー ー をよぶ

Part A「かんたんギター奏」入門

step 10　弾き語り名曲集 (2)

《乾杯》

2カポ　実音A
3カポ　実音B♭

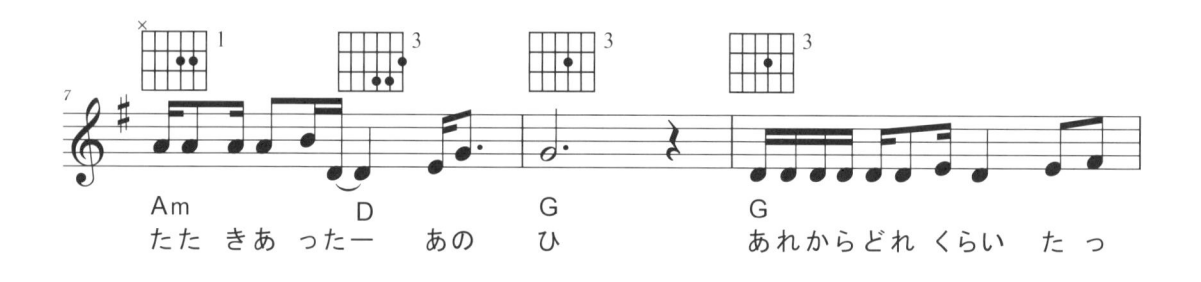

作詞・作曲　長渕 剛

GD調弦

G かたいきずなにー おもいを よせてー　**Em** かたりつくせぬー せい
G しゅんの ひびー ときには きずつきー　**Am** ときには よろこびー　**Em** かたを
Am たたきあったー **D** あの ひ　**G** 　**G** あれからどれ くらい たっ
Em たの だろうー　**C** しずむゆうひをー いくつかぞえたろうー　**G** ふるさ

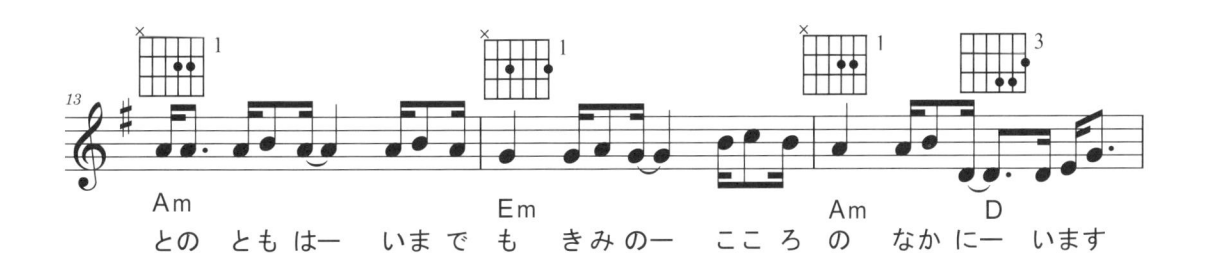

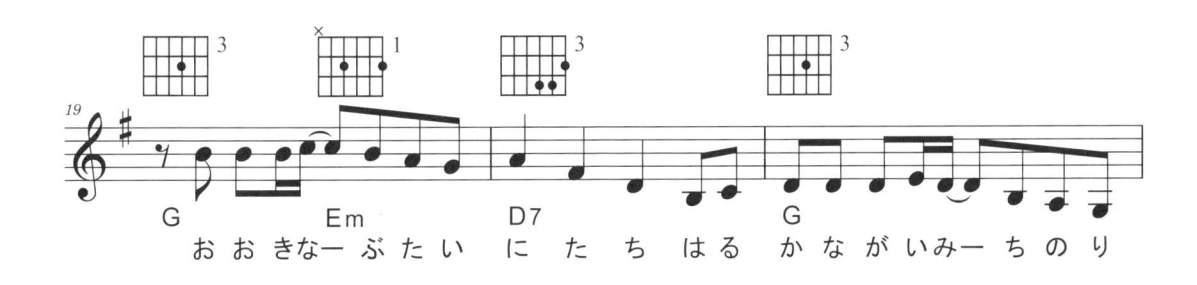

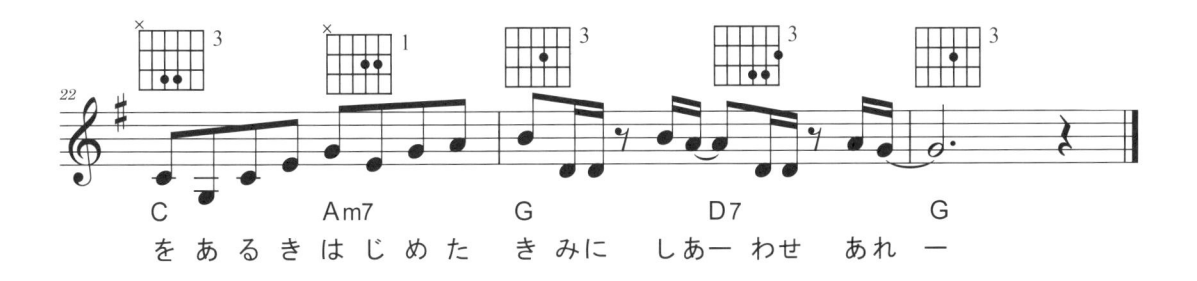

Part A 「かんたんギター奏」入門

Am		Em		Am	D

との とも は— いまでも きみの— こころの なかに— います

G	G	C	

か かんぱい いま きみは じんせいの おおきな

G	Em	D7	G

おおきな—ぶたい に たち はる かながいみ—ちのり

C	Am7	G	D7	G

を あるきはじめた きみに しあ—わせ あれ—

step 10 弾き語り名曲集(2)

昴 (すばる)

5カポ　実音C

作詞・作曲　谷村新司

GD調弦 難易度

G / Em / G
めを とじて ー なにも みえ ず　かな しくて ー めを あけ ーれば

D7 / G / Em / G / Em
ー　こう やに むかう みち ーより ー　ほかに ー みえる もー のは ー なし

D7 / Em / Bm7 / Am
ー　ああ くだけ ちる　さだめの ー　ほし たー ちよ

D7 / Em / C / Bm / D7 / G
ー　せめて ー ひそやかに ー　このみを ー　てらせ よ

G / Em / G / Em / D7
わ れは ゆ く　あお じろき ー ほほの まー まで ー

G / Em / C / D7 / G
わ れは ゆ く　さらば　すばる よ

翼をください

3カポ 実音B♭

GD調弦
難易度 ♪♪♪

作詞 山上路夫
作曲 村井邦彦

G	D	G7	C	G
いまー わたしの	ねが	いごとが		か

| A7 | D7 | A7 | A7sus4 | D7 |
| なう ならば | つばさが | ほ | し | い |

| G | D7 | G7 | C | G |
| このー せなかに | とり | のように | | し |

| A7 | D | A7 | A7sus4 | D7 |
| ろ いつばさ | つけてくだ さ | い | | この |

| G | D7 | Em | Bm | C | G | F | D7 |
| おおぞらにー つば さをひろげー とん で ゆきたい よ ーかな |

| G | D7 | Em | Bm | C | G | F | D7 | G |
| しみのないー じゅ うなそらへー つば さはためか せ ゆきたい |

step 10 弾き語り名曲集(2)

川の流れのように

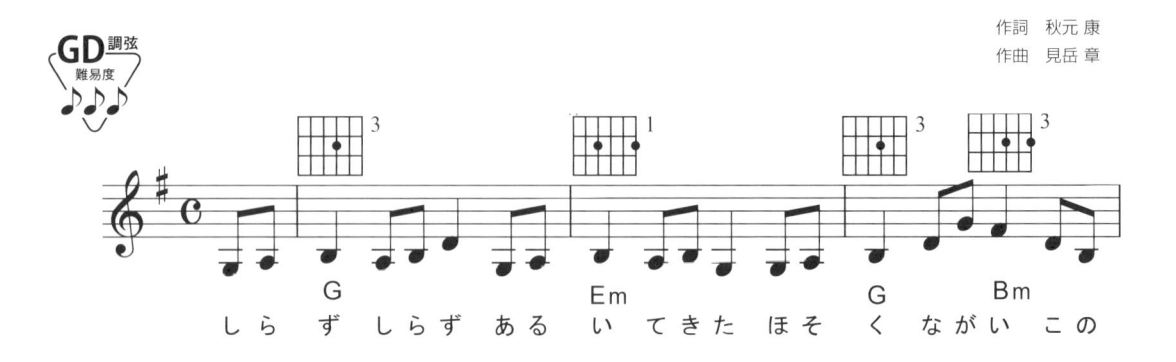

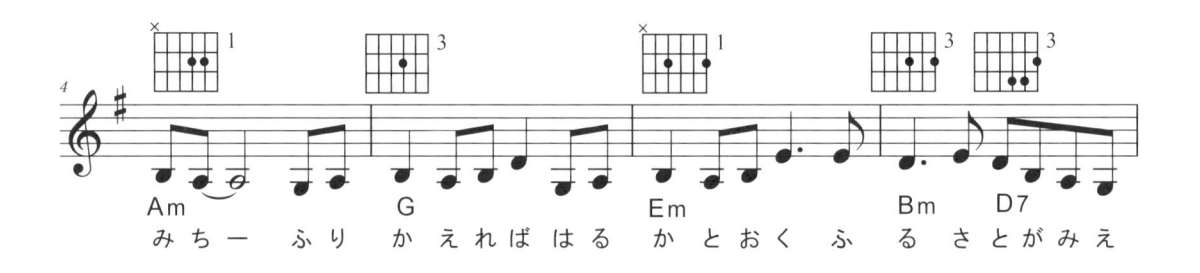

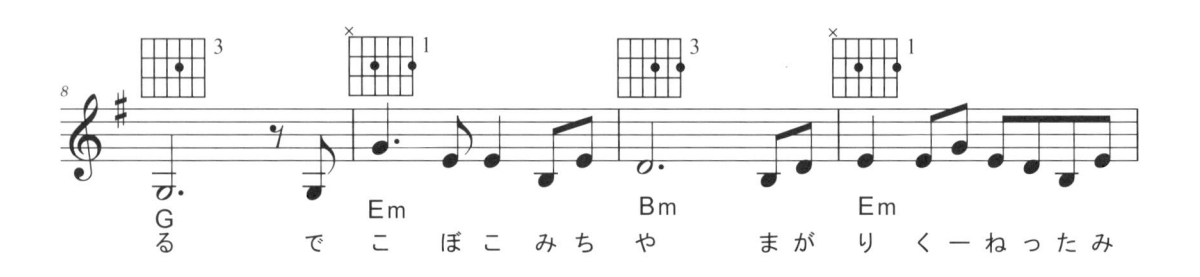

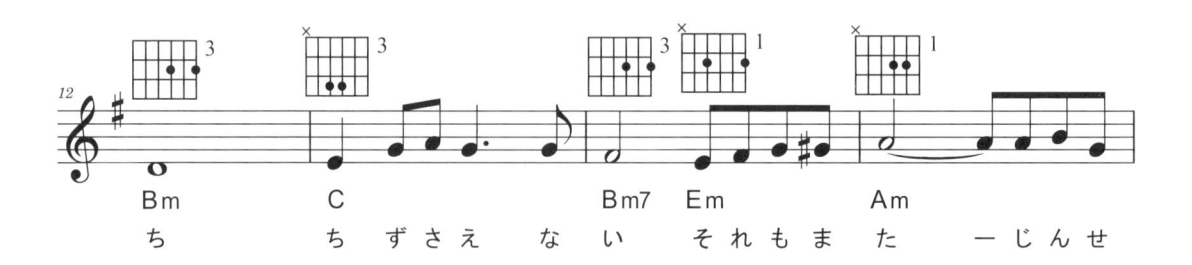

2カポ 実音A
3カポ 実音B♭

GD調弦
難易度

作詞 秋元康
作曲 見岳章

| G | Em | G | Bm |
しら ず しら ず ある いて きた ほそ く ながい この

| Am | G | Em | Bm | D7 |
みち ー ふり かえれば はる かとおく ふ る さとがみえ

| G | Em | Bm | Em |
る で こ ぼこ みちや まがり く ー ねった み

| Bm | C | Bm7 Em | Am |
ち ち ずさえ ない それもまた ー じんせ

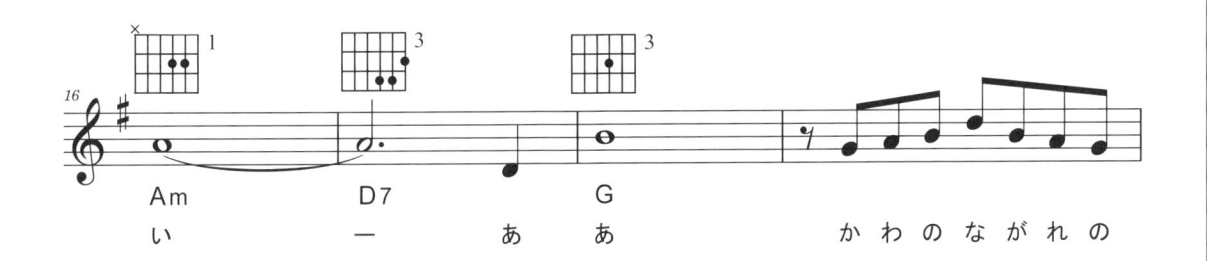

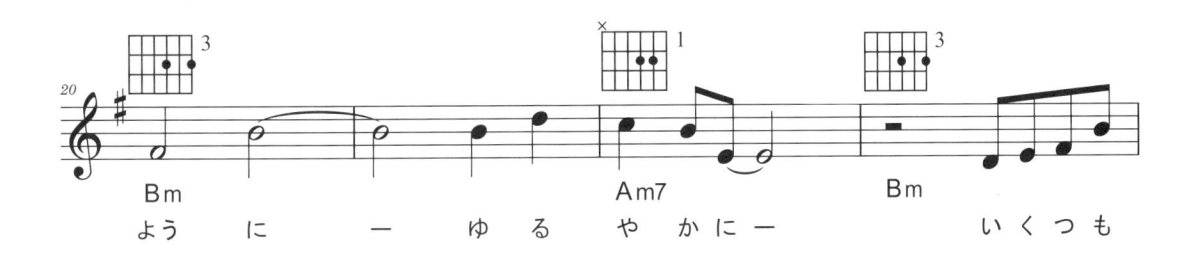

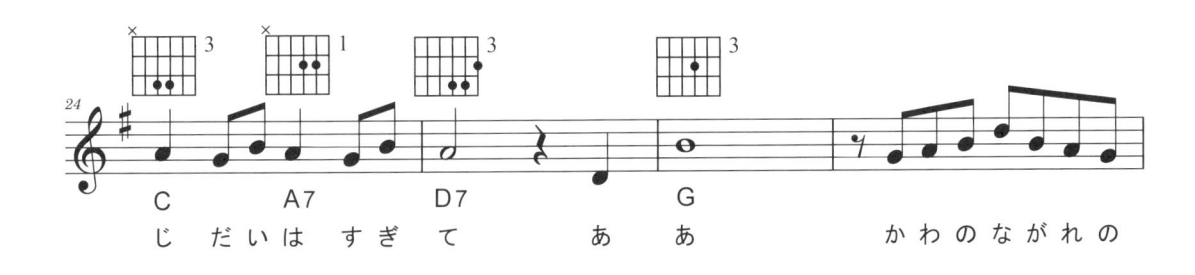

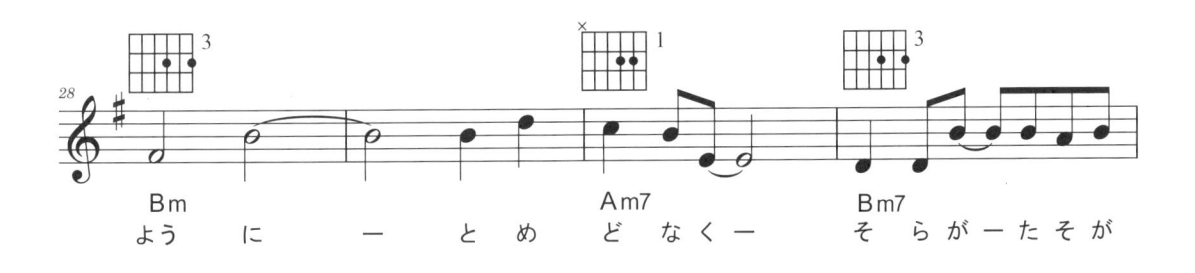

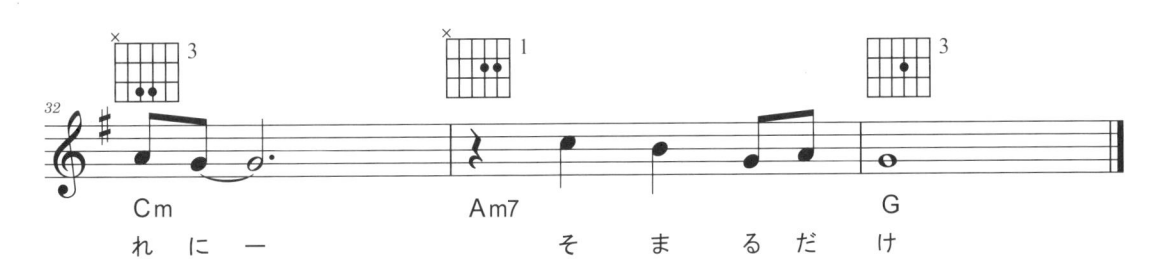

Part A 「かんたんギター奏」入門

Am　　　　　　D7　　　　　　G
い ー あ あ　　　　　かわのながれの

Bm　　　　　　　　　　Am7　　　　　Bm
よ う に ー ゆ る や か に ー　　いくつも

C　A7　　D7　　　　　G
じ だ い は す ぎ て あ あ　　　　かわのながれの

Bm　　　　　　　　　　Am7　　　　　Bm7
よ う に ー と め ど な く ー　　そ ら が ー た そ が

Cm　　　　　　　　　Am7　　　　　　G
れ に ー　　　そ ま る だ け

step 10 弾き語り名曲集(2)

面白スケール

　GD調弦の開放弦を弾けば、「ソ」と「レ」が鳴ります。つまり1度と5度の音が響くわけです。
　これまでは、これにわずか1音か2音を加えることで色コードにしたり、開放弦の2つの音をセーハで平行移動させて数字コードを作ってきました。
　また開放弦のソとレを響かせたまま(*)で、単音のメロディーを奏でれば素敵なソロ演奏になりました。(＊固定した低音を持続的に鳴らし続けることを「ドローン奏法」と言います)

　かんたんギター奏の基本となる1度(オクターブ上が8度)**と5度は、あらゆる音楽が成り立つ上で必要な不可欠な音です。**この1度と5度は、自然界に存在する自然倍音列を作る最も根源的でかつ重要な音程です。人類は自然界からこの1度と5度を取り出すことによって、それを基軸に音に秩序を与え、いくつかの音を組み合わせ、さまざまな音楽を形作り発展させることができました。この1度と5度がなければもちろん調性のある音楽も生まれませんし、メロディーやコードでまとまりを感じることもありません。

　かんたんギター奏の「かんたん」は指づかいを簡単にできる、というのがネーミングのきっかけでしたが、実は**音楽の根っこを踏まえた1度と5度での調弦だからこそ幅広い応用が可能となり、初めて実現できた「かんたん」**であったと言えます。
　手だれのギタリストで、僕のかんたんギター奏の方法を聴き、興味を持っていろいろ工夫をつけ加えてくれた仲間がいます。彼は工夫していくうちにいろいろな気づきが起こってきて、自分のレパートリーに新たにGD調弦を使った曲を採り入れるようになりました。そして「かんたんギターは不思議ギター、奥が深い」と言って、工夫を重ねています。

　GD調弦では、「開放弦＋各弦の決まったフレット」の組み合わせで、いくつかのスケールが弾けます。
　その音を1つずつたどるだけでも、特徴のある雰囲気の出せるものばかりです。レギュラー調弦であればハイレベルなテクニックを要する民族的なスケールや旋法のスケールを使った演奏が、かんたんギターではたやすくできます。
　次に示すフレットボード図でおわかりのように、1音が1フレットずれただけで、全然違ったスケールに変容したりもしますから、面白いですよ。
　そのようなスケールを実例を添えて紹介します。

① 沖縄ペンタトニック

「ペンタトニック・スケール」とは
「5つの音からなる音階」を意味します

1弦から6弦までのすべての弦の
開放弦0　＋　4フレット　＋　5フレットで、
沖縄ペンタトニックのスケール(沖縄音階)が構成されています。

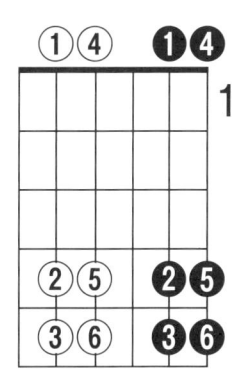

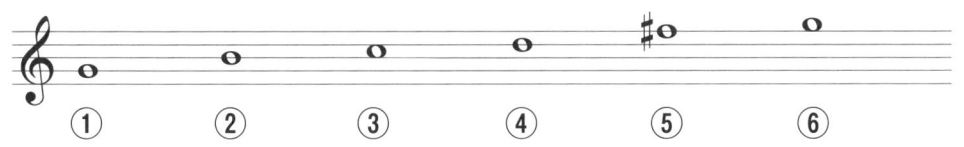

右上のフレット図の黒玉を縦に数字順に追っていくと上の五線譜に書いたスケールになります。白玉はその1オクターブ下です。

ゆっくりでよいので、1音1音確実に鳴らしてみてください。あの沖縄のメロディーが浮かんできます。

印のない4弦や6弦も開放弦と4フレットと5フレットを使えば、沖縄ペンタトニックのスケールになります。

早速試してみましょう。

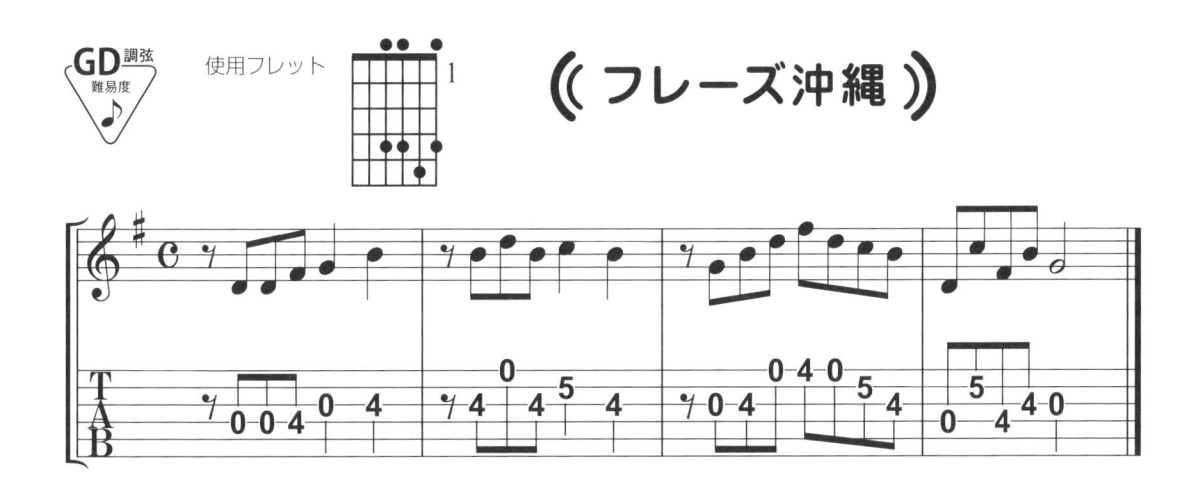

GD調弦
難易度

使用フレット

《 フレーズ沖縄 》

ギターで単音を弾くのは難しいけれど、メロディーを思い浮かべて、限られた押弦の位置を頭においておけば、比較的やりやすいと思います。

次の場合は開放弦が多いから1・2弦の4フレット、5フレットをタブ譜で確かめて弾けば、カッコよくイントロが奏でられます。弾き語り名曲集の「涙そうそう」(p.46)を演奏する時には、このイントロも入れてくださいね。

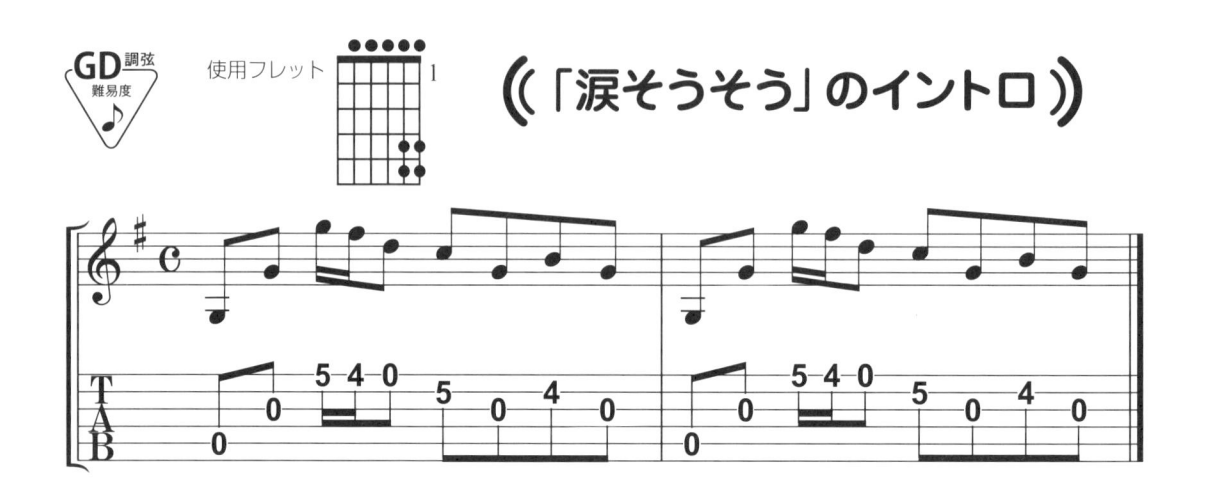

《「涙そうそう」のイントロ》

2 Gマイナーペンタトニック

1弦から6弦までのすべての弦の
開放弦0 ＋ 3フレット ＋ 5フレットで、

Gマイナーペンタトニックのスケールが構成されています。沖縄ペンタトニックとはフレットが1個(4から3へ)ずれるだけです。しかし雰囲気はまるで違うスケールが出来上がります

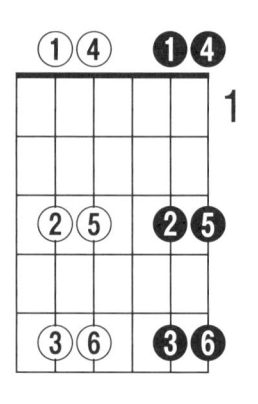

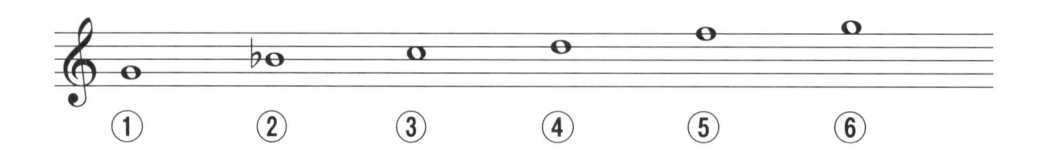

フレット図の黒玉を縦に順々に追っていくと上の五線譜に書いたスケールになります。
白玉はその1オクターブ下です。

では、日本にエレキブームを巻き起こしたベンチャーズのパイプラインでお試しください。

Part A 「かんたんギター奏」入門

　最初のテケテケテケテケケと低音部をスライドさせる奏法は、「クロマチックラン」と言いますが、まさにエレキの代名詞のようなものでしたね。

　左手は一番音の低い6弦のボディとネックの境目あたりのフレットからしっかりと押さえたまま滑らせてくるわけです。これはそんなにあわてない。

　右手はピックでなるべく素早く6弦だけを上下にかき鳴らす（トレモロ）のです。

　右手は強く1回だけ叩いて、左手を滑らせてくるグリッサンドだけでも、相当感じは出ます。がんばりましょう。

GD調弦　難易度

使用フレット

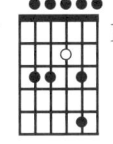

（ パイプライン ）

作曲　ベンチャーズ

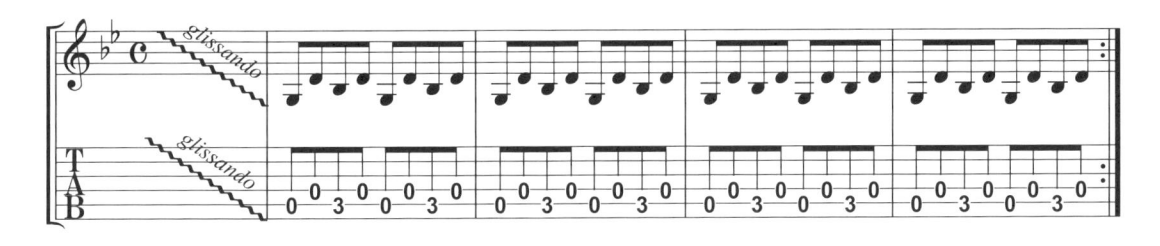

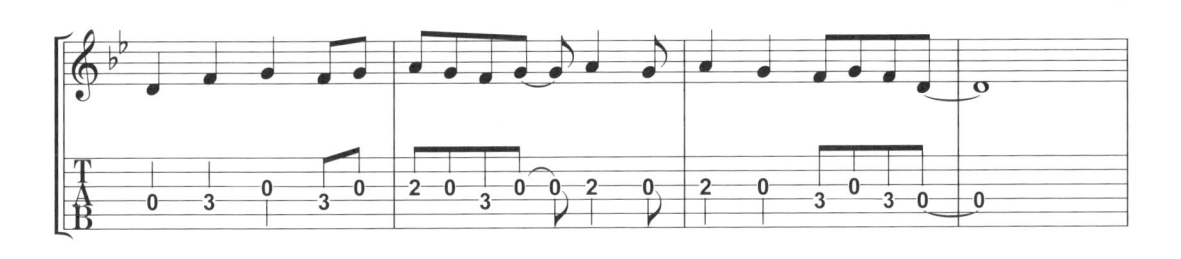

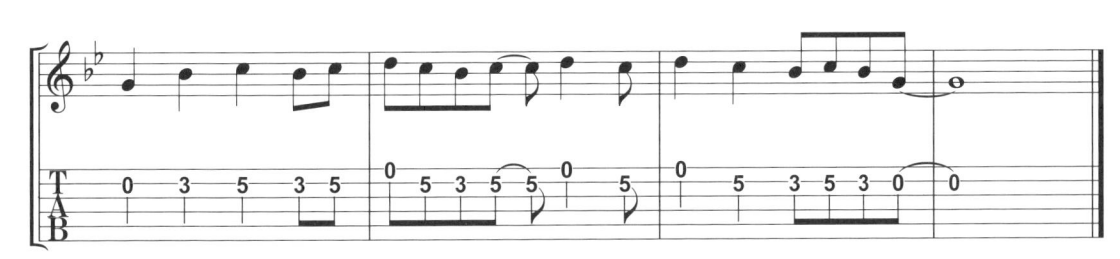

PIPELINE
Words & Music by Bob Spickard and Brian Carman
© Copyright 1962 and 1963 REGENT MUSIC. CORP.
Assigned to Rock 'N' Roll Music Company for Japan and Far East (Hong Kong, The Philippines, Taiwan, Korea, Malaysia, Singapore and Thailand)
All Rights controlled by Shinko Music Entertainment Co., Ltd., Tokyo
Authorized for sale in Japan only

step 11　面白スケール

❸ Gドリアンのスケール

1弦から6弦までのすべての弦の
開放弦0　＋　2フレット　＋
3フレット　＋　5フレットで、

Gドリアンのスケール(ドリアン旋法)が構成されています。これはGマイナーペンタトニックに第2フレットを追加したものと考えてください。押弦が1箇所増えるだけで、これまた全然似ても似つかない雰囲気のスケールになります。

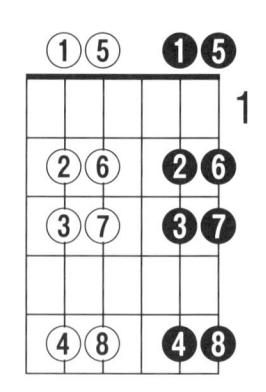

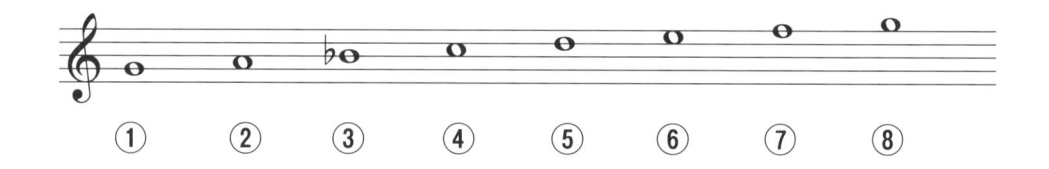

フレット図の黒玉を縦に順々に追っていくと上の五線譜に書いたスケールになります。
白玉はその1オクターブ下です。

印のない4弦や6弦も開放弦と他の弦と同じフレット使えば、同じGドリアンのスケールになります。

ペンタトニックは5音のスケールですが、ドリアンは7音ありますので、メロディーもやや複雑になります。押弦の個所も増えますから、実際に弾くには練習も必要ですが、押さえる位置はすぐに頭に入るでしょう。

名曲「スカーボロ・フェア」でGドリアンの雰囲気を味わってみてください。
0・2・4・5フレットの指を決めておいて、どの弦を弾くのか確かめるつもりでタブ譜を見ていけば、案外スムーズに弾けますよ。
2フレット：人差し指・4フレット：中指・5フレット：薬指　としておくとよいでしょう。

スカーボロ・フェア

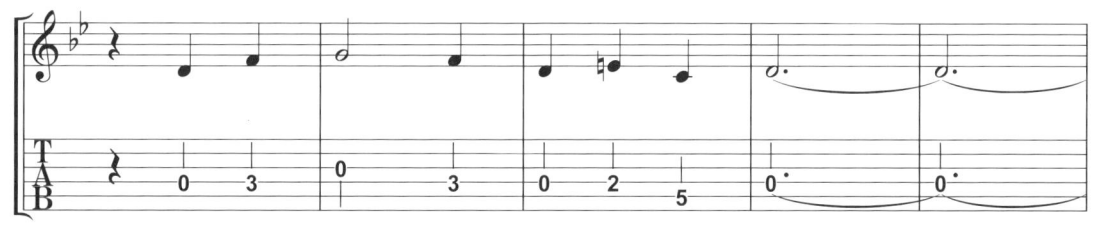

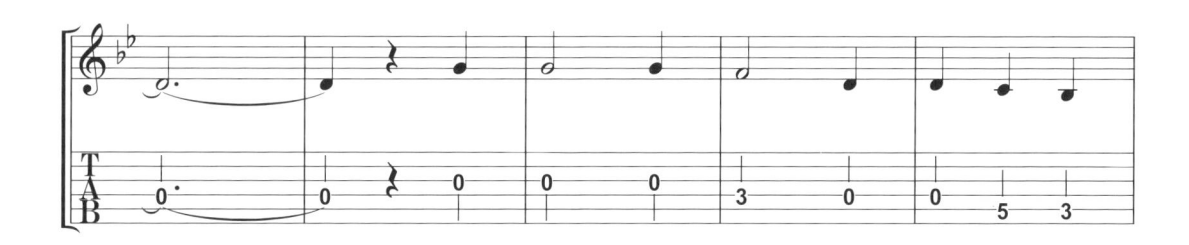

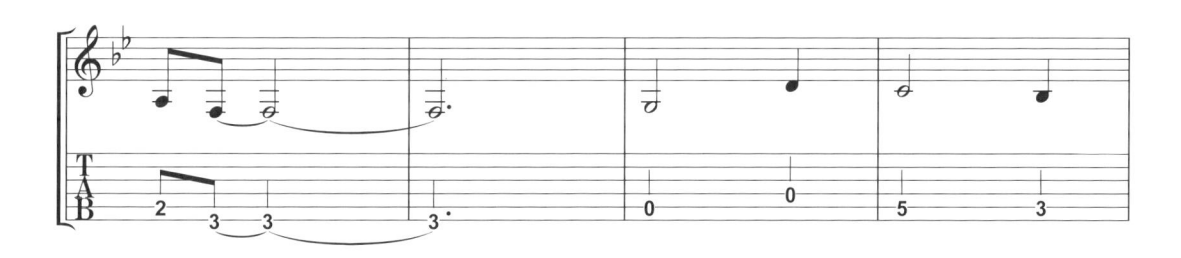

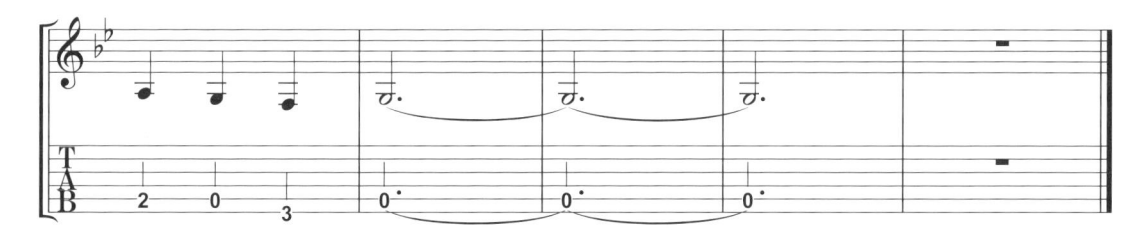

作曲 サイモンとガーファンクル

SCARBOROUGH FAIR / CANTICLE
Arrangement and original counter melody by Paul Simon and Arthur Garfunkel
Copyright ©1966 Paul Simon and Arthur Garfunkel (BMI)
International Copyright Secured.　All Rights Reserved.
Print rights for Japan controlled by Shinko Music Entertainment Co., Ltd.
Authorized for sale in Japan only

Part B へのプレリュード

　いかがでしたでしょうか？　簡単とはいえ、慣れないギターで苦労されたところも少なくなかったことと思います。自分で合格点を出せないままにすませてきたところもきっとあることでしょう。
　でも、大丈夫です。Part A の内容が 3 分の 1 こなせていれば、あるいは 4 分の 1 でもいいでしょう、とにかくある程度ギターにさわり慣れておいていただければ OK。あとは少しずつこなしていってもらえばいいのです。

　Part A でギターを練習して弾きこなしていくことが面白くなった方は、いわゆるレギュラー調弦の普通のギター奏にチャレンジなさってください。フォークであれ、ポップスであれ、演歌であれ、ご自分の好みのジャンルのギター入門書はたくさんありますから、ぜひ進んでください。恐らく当面は挫折知らずで進めるはずですよ。

　これから進む Part B では、あなたの現場であなたが対象とする方々にギターを持ってもらうわけですが、ギターに関して何も上手(うわて)に出て、導くことはありません。いっしょに「アッ、できた！」と楽しめばよいのです。そのためには、むしろギターに戸惑いや不安があったほうが、共感できることもたくさんあってきっと良い関わりが生まれてくると思います。
　「ギターの弾けなかった私だってやれたんだから、このかんたんギターなら大丈夫！　ギターはカッコイイですよ」
　…といったメッセージが伝われば、ギター・セラピーは自ずと始まるのです。

　Part B では、かんたんギターの方は開放弦だけで楽しめるいくつかの手法が紹介されています。

　あなたもひとり開放弦を爪弾いて（カーテンを引いて部屋を暗くすればムードは盛り上がる）、その時々の思いでやさしくナイーブに、ちょっとけだるくアンニュイに、あるいは激しくハードにギターを奏でてみてください。左手の押弦はないのにギターはあなたの気持ちを表現していると思います。スキャットででも、でたらめの歌が口をついて出てくれば最高です。その感触をあなた自身が味わうことは、指が動くことより大切で、あなたのオアイテとなる対象者の気持ちをギターの響きから感じ取り、あなたの得意の楽器で応じるやりとりが始まるきっかけになることでしょう。
　ではどうぞ。

Part B

「ギター・セラピー」への活用

「かんたんギター奏」から「ギター・セラピー」へ

step 12
抱えて鳴らすまでのひと工夫

　Part Aでは、これまでギターには経験のない方も、ギターになじみ、簡単な技法で「弾ける！」という手応えをつかんでいただけたと思います。そしてかんたんギター奏なら、たとえば小さな子ども、高齢者、重度の障がい者のように、これまでおよそギターを弾くイメージが浮かばなかったような方たちにまで、ギタリストへの道が開かれていくのです。

　いま音楽を活用するさまざまな社会的活動の中で、楽器を使う場面はたくさんあります。音楽療法、療育、特別支援教育の場ではもちろんですが、昨今いろいろなリハビリテーション活動、介護予防活動、福祉施設でのレクリエーション活動、おとなのサークル活動といった場が急増しています。

　そこで参加者のみなさん、いわゆるクライエントさんとか利用者さんと呼ばれる対象者の方々が音楽をする姿を思い浮かべると、かなり限られています。聴くことを別にすれば、まず歌唱であり、体操や踊りのような身体動作であり、大小さまざまなパーカッション類でのリズム奏が圧倒的に多いでしょう。メロディーやハーモニーのある楽器としては、ミュージックベルやトーンチャイム、時おり指導者と一緒にピアノを弾くということに絞られてくるのではないでしょうか。

　では、**どうしてその場にギターがないのでしょうか**。ギターは、気軽な携帯楽器でありながらメロディーもハーモニーもリズムも表現できる繊細にして多彩な楽器です。しかも決して気取らない肩肘張らないカジュアルな楽器です。独りでも楽しめるし、集団の場ではなおさら、陰に日なたにギターが全体を支え、みんなをリードします。弾き語りが決まれば、それだけで喝采を浴びるスター楽器です。さまざまな音楽活動の場にギターが一枚加われば、それは目新しい楽器が一つ増えたということ以上の変化を集団内に生み出すことでしょう。

　それなのに、なぜ上記の音楽活動でギターが使われないのでしょう。その理由はただ一つ。

　参加する方々も、それを支援する側の人にも、**「ギターが弾けるようになるのは容易なことではない」という先入観があるからです**。初心者向けの奏法でさえ、そのハードルは高すぎます。とても「誰でもチャレンジできる」楽器ではなかった。

　ところが**そのハードルを軽々と飛び越えるのが、この「かんたんギター奏」なのです**。

　僕は10年近く、音楽療法や数々の音楽活動の中でこのことを実現してきました。そしてその経験を踏まえて「かんたんギター奏」の実践的活用法の一つとして**「ギター・セラピー」**を提唱したいと思います。ここでは「ギター・セラピー」実践の入り口を紹介します。

1 ギターは身にまとうもの

　ギター奏は音を響かせる前に、まず抱えるところから始まります。それだけで新しい衣装を身にまとったように気持ちが高まります。

　ギターをひとつの衣装と考えましょう。誰でも服をカッコ良く着こなすことで、別人に変身したかのようなワクワクした気分になります。それと同じで、ギターを抱えたら、誰でもミュージシャンか役者になるのです。少なくとも支援する側の人はいつも心がけてその見本を示し、対象の方々に「ギターは身にまとうもの」という気持ちを持ってもらうようにしましょう。

　しかしその出発点でつまづいてしまうと、せっかくのギターもその先の威力を発揮することなく脱ぎ捨てられてしまいます。実際この段階で、人によってはさまざまなことが起こります。

　たとえばストラップを嫌がったり、身体とギターの大きさが合わなかったり、ギターをほぼ垂直に立てて構えたり、また新しい道具への抵抗感からなかなか触れられなかったり…などなど、問題は一人ひとり異なります。誰でも他人から勧められた新しい服がなじまないことはよくあるものです。いろいろ助言やアイデアを提供しても、**最終的には本人がその服を自分から積極的に楽しんで着こなすようになるまで待つしかありません**。これと同じです。

　導入時にはぜひギターを懐(ふところ)で響かせることを体感してほしいところです。けれども、無理は言いません。テーブルや床に置いて爪弾いてもよいし、膝の上に載せたがる人もいます。構え方はどんなふうでも、まずは OK です。要はギター導入にあたっては、一人ひとりの身体と気持ちを感じながら確かめ、それに十分に添っていくことです。

●写真8　机の上に置いて弾く。
　　　　これも楽しい弾き方です

(滑り止めになるものなら何でもよいですが) ボディの下に人工芝マット、ネックの下に発泡スチロールのブロックを置いてギターを安定させました

❷ 標準スタイルにこだわらない

　ギターを抱えてもらう時、あれこれ注文をつけたり指導したりしないことが最重要です。どんなスタイルでも、**まずはギターが鳴ればよいし、その響きを楽しめればよい**のです。
　初めて抱えるとき、スムーズにいかなくても、回を重ねるとギターを構えて弾くことに身体が慣れていきます。たとえ多少不自然な格好に見えても、鳴らしているうちに構え方や弾き方もその人なりに収まるところに収まっていくものです。
　この段階でのサポートは形にこだわらないことです。ギターの抱え方からして、**誰も思いつかなかったような構えや新しい奏法を編み出すくらいのつもりになってもらうように**、応援してあげてください。

❸ 左手のポーズ

　かんたんギター奏のチューニング(GD調弦、DA調弦)の**最大の特徴は、どこも押さえなくても、どんな音楽とでもなじむことができる、しかもそれなりにまとまりのある響きを持っている**ことです。
　ですので、たとえば色コードでの弾き語りを始める際にも、最初は左手の押弦なしで、右手だけでジャランジャランとストロークすればよいのです。少しずつ、できるところだけの押弦をしていけば、演奏がまとまっていきます。
　そうなると**所在ない左手をどこへ持っていって何をするのか**ということが少なからず問題になります。
　ネックをしっかり握ればギターは安定しますが、弦に触れてしまうと音をミュートしてしまいます。音に意識を向けて左手をゆるやかにネックに当てているようならそのままでよいでしょう。
　たとえばギターのネックの端にある1弦や6弦だけが響かない程度であればそのままやってもらい、少し慣れてきた段階で左手の使い方を一緒に工夫すればよいでしょう。ただし、音が全く響かないとさっぱり楽しくないので、どうしても左手が音を消してしまうようであれば、ボディに掌をあて、ギターを大事そうに支えるような形がよいと思います(右ページ図26)。

　カポタストを付けた場合には、ネックを握りこむスペースが出来るので、左手はそこをつかんでもらうのもよいでしょう。(図27)

●図26　左手の置き方例

●図27　カポタストを使った時の左手の位置

❹ 右手のピック

　次は右手です。手首を使ってピックで弦を鳴らすには力の調節が必要で、この加減が難しい人はたくさんいます。

　一所懸命に弾いていて、**ピックをついボディの穴に落としてしまう**ことも少なくありません。こんな時はたとえ落としてしまっても演奏を中断させないですむように、ピックは余裕をもってたくさん用意し、その都度渡してあげてください。ただし、ピックを穴に入れたがる人も中にはいます。この場合は、指で弾いてもらう方が演奏に集中できるでしょう。

　小さなピックを軽く握って弦を響かせるということが非常に難しい方も少なくありません。私の仲間は手巻きずし用の小さなしゃもじにピックを貼りつけて使う方法をあみだしました。三味線のバチがこのアイデアの元になったそうです。

●写真9　特製おしゃもじピック
　三味線のバチのように使います。これで大胆な音からデリケートな音まで出せて便利です

　特に指先の巧緻性に欠ける人には断然有効です。小さいピックを使える人でも、このおしゃもじピックを好んで使う方が大勢います。こうしておけばピックをギターの穴に入れようとすることもなくなります。

　ピックをしゃもじに貼りつける位置や、先端の飛び出し具合や角度をいろいろ工夫して、使い良いものにしてください。

step 13 「オープン奏」を味わおう

　Part Aでは、色コードや数字コードで弾き語りしたり、ごく簡単な押弦で豊かに響く1弦法、2・3弦法、3・5弦法などソロ演奏の手法を紹介しました。でも一人でこなそうと思えば、かんたんとは言えそれなりの練習も必要です。そこで、もし音楽のサポーターと一緒に演奏するのならば、何も楽譜通りに全部をきちんと弾きこなす必要はありません。
　かんたんギター奏では**押弦なしの開放弦だけでもステキな響きが得られる**ことを何度も強調してきましたが、この開放弦を自由にジャン・ジャン、あるいはジャラ～ン・ジャラ～ンと(気分に応じて)弾く方法を**「オープン奏」**と呼ぶことにします。

1 弾き語りをサポートする

　Part 1にある楽譜はすべて使えますし、一般のコード譜を色コードや数字コードに読み替えれば、ほとんどの曲は「かんたんギター奏」による弾き語りができると思います。

二人三脚法

　福祉の現場で支援活動をする音楽療法士がかんたんギター奏を知って編み出した手法です。
　一つのギターを支援者が対象者と並んで弾く、いわば**「ギター連弾」**です。
　左手の押弦が支援者、右手のストロークが対象者で、音楽の流れを決めるのは当然ストローク側です。

　支援者が数字コードなり色コードなりを押弦し、対象者には好きなようにジャランジャランとストロークしてもらいます。さまざまな音楽活動の中で、**対象者と支援者の身体的な距離が最も近いもの**だと言えるでしょう。
　この距離の近さによって、ギターを弾く人の息づかいや戸惑い、心の弾み、のめり込みまでがじかに伝わってきます。そして一つの楽器をいっしょに奏でることで一つの音楽を作り上げていくプロセスが、ギターの響きを通して全身で体感されることになります。多くの対象者はギターを奏でるそのような歓びを言葉にすることはないかもしれませんが、その表情とギターサウンドには見事に表れているはずです。

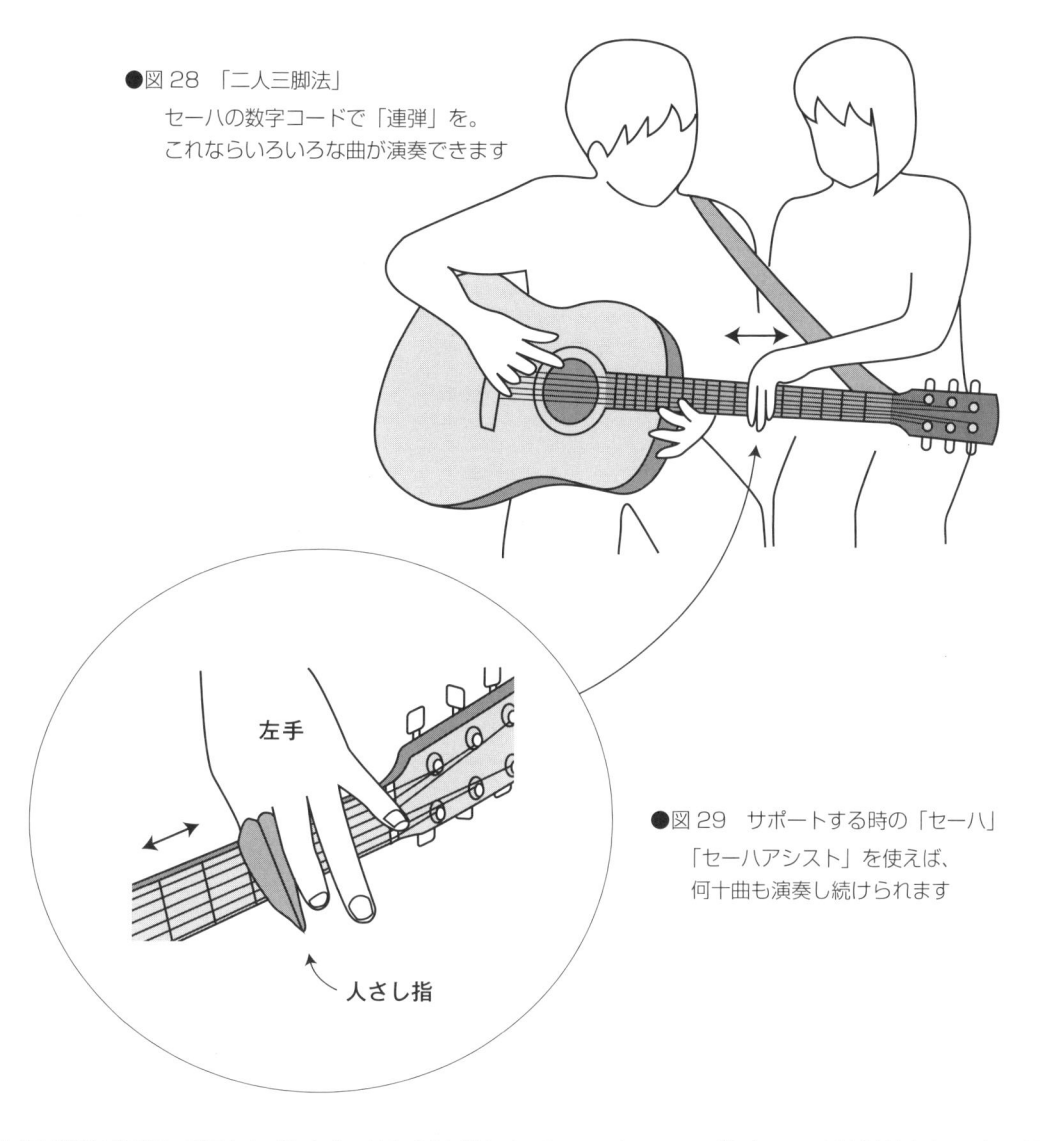

●図28 「二人三脚法」
セーハの数字コードで「連弾」を。
これならいろいろな曲が演奏できます

左手

人さし指

●図29 サポートする時の「セーハ」
「セーハアシスト」を使えば、
何十曲も演奏し続けられます

　支援者側が押弦で細かい動きをするのは難しいので、セーハの数字コードがお勧めです。その場合、**セーハアシストを人差し指にはめて、ネックの上側から親指と一緒に挟み込む**ようにすれば、ギター経験のない方でも容易にサポートができます。

横並び法

　このような心身ともに密着した活動から少し離れて、2つの楽器で1つの曲を作り上げていくこともできます。先の「二人三脚法」はピアノで言えば1台4手の「ピアノ連弾」でしたが、この「横並び法」は、2台4手の「ピアノデュオ」に相当します。これは**「ギターデュオ」**と言えます。

　関わり方としては、ちょうど並んで一つの方向を向いて同じ景色を眺めているような間柄を思い浮かべてください。もちろん対象者の気持ちや心の動きに沿いながら、しかし、その思い

を言葉にしたり説明をしたりして形にしていくようなプロセスです。

「横並び法」と命名しましたが、それは音楽を作る上での間柄のことで、物理的な体勢としては横に並ばなければならないわけではなく、お互いが向き合っていてもいいわけです。支援者はギターかピアノで楽譜のコードに沿って演奏してください。ピアノもギターも得意でないという方でも大丈夫。対象者と一緒になって色コードや数字コードを弾けばいいのです。

対象者は次のようなステップで、演奏してもらいます。

> ・歌を感じながら（歌えればなお結構）、ギターはオープンで弾いていく。
> ・色コードの「赤」（または「白」）を練習しておいて、まず曲の始めと終わりだけは、ばっちり「赤」コードで決める。
> ・曲中に「赤」が出てくるところでは「赤」を弾いてもらう。
> ・慣れていけば同じように「青」「黄」の出番も作って弾いてもらう。
> ・こんがらがって迷ったら、とりあえず開放弦を弾く、と決めておけば OK です。

やがて支援者と対象者のコードがまじり合い、一体になって弾き語りが出来上がっていきます。どの段階でも音は自然に響きますので、思う通りにいかないからと言って「失敗した」と感じることはほとんどありません。

好きな曲でコード伴奏の弾き語りができるようになれば、こんなに嬉しいことはありません。次への意欲も満々になります。

❷ ソロに挑戦

「魅惑のギターソロ」も「1 弦法」や「2・3 弦法」なら、決して高嶺の花ということはありません。支援者が一緒に、日や時間を決めて少しずつ取り組めば、「かごめかごめ」や「ビッグベンの鐘」などはすぐにできるようになるでしょう。

もちろん対象者もさまざまで、「2・3 弦法」はもちろん、「セーハ」だって軽々とこなしてしまう人も少なくないでしょう（セーハアシストを活用すれば、なおラクです）。

ですが、かんたんソロに取り組む時には、何も曲として仕上がらなくてもよいのです。たとえ 1 つか 2 つのフレーズまたは響きであっても、ギターならではのサウンドを懐で体感することになります。対象者の方々はこれまでも実にいろんな音や音楽をやってきてはいるでしょうが、自らの発した音に耳をそばだて、胸でダイレクトに共鳴を深々と味わう体験がどれだけあったことでしょう。かんたんソロに取り組むことは、曲としての仕上がりもさることながら、この弦の振動と響きを直接身体で感じるという意義が極めて大きいことを認識していただきたいのです。ソロでは歌がない分、余計にギターの音色や響きに集中しやすく、これまでにない音楽体験につながる可能性があると思います。

step 14 「オープン奏」のミュージシャン

　楽譜も要らないし、指揮に合わせなければいけない気兼ねもなく、自由にギターを弾き倒すことができたら、どんなにか楽しいだろうし、カッコいいに違いありません。さまざまな人とかかわる中、そんな願いに一歩でも近づこうと僕は工夫を積み重ねてきました。

　次にご紹介する小曲やフレーズは、実際に活動する過程で生まれてきた音楽を振り返ってみて、それを形にまとめたものです。そこから提案できることはこんなことです。

　Part Aで掲げた曲を音楽療法や福祉の現場で扱う時には、寄り添い、並び合って一つの音楽を作っていくような間柄であると言いました。
　このような観点から、ここでの「オープン奏」は、技術的には簡単そのものでも、音楽をするということでは、むしろ**対象者と支援者が向き合う関係**を思い浮かべてください。きっかけとなるピアノに触発されて自分のフレーズを出し合い、それを尊重し合いながら、お互い思ってもみなかったような音楽を作り上げていくようなプロセスが生まれるのです。
　対象者のかんたんギターは**開放弦をその時の気分で思いのままにかき鳴らすだけ**です。その時、**ピアノがオープン奏のギターに応じたり、支えたりして音楽を作っていきます**。文字で書けばたったこれだけですが、実際に音が行き交い、声が飛び交うようになると、何ものにも代えがたい音楽空間が出現します。
　オープン奏なら楽譜を見ることも要らないし、ひたすら心のままにギターと戯れ、ギターで遊べばよいというわけです。まさにギター・セラピーの核心的な奏法と言えます。
　目指すのは、教わったり、習ったり、練習したりするのとは違い、**かんたんギター奏をサポートしたり、されたりしているうちに「こんな音楽、できちゃった」**ということです。

　楽譜通りにしなければならない決まりはありません。楽譜に書いてあるものは一つのアイデアとして、これを遊び、発展させ、また新たな音楽を作りだすきっかけにしていただければ幸いです。

１ おしゃべりしよう

　対話が苦手な人はたくさんいます。何をどのように話したらいいかに引っかかりを感じてしまい、言葉のやりとりが進まない。しゃべろうとすればするほど言葉に詰まる。
　そんな人もギターを鳴らしながらであれば、趣は全然違ってきます。「えーっと‥‥」など話題を探すために口をついて出たつなぎの言葉や「そ、それは、だ、だから…」とトチってしまう言葉は、**歌の合いの手**と言えます。言葉に詰まってしまった沈黙は、**音楽の休符**です。合いの手や休符があることで、音楽は自然に次へ次へと進むことができるのです。**言葉に詰まること、言葉が見つからないことが、音楽の駆動力**になります。

　こんな例があります。
　ある若者５人のグループ全員にギターを渡して、「〜さん、今日はどうですか？」と歌いかけたら、みなさんそれぞれにギターを弾きながら、歌で話をしてくれるようになりました。正面切って言えないことでも、ギターの陰に隠れれば(ギターの力を借りれば)、こんなことをしゃべってもおかしくないよね、という何でもOKモードの場が生まれます。
　こうした即興的なおしゃべりの弾き語りは、ほとんど自然発生的に生まれたものです。**ギターを持てば、誰しも弾き語りをしたい気分が引き出される**ことを実感します。はるか中世の吟遊詩人も、琵琶法師も、20世紀のフォークソングのシンガーソングライターたちもみなそんなふうに生まれてきたのに違いありません。

　もちろん、構え方や弾き方をあれこれ言ってはいけません。好きにやるからこそ、その人の音楽がギターを通して生まれてくるわけです。
　回を重ねると面白いことがいっぱい起こってきます。前の日曜日に家族でラーメンを食べに行ったとか、○○ちゃんがやってきて楽しかったとか、ピクニックに行ってお弁当の後のんびりジュースを飲んだとか、楽しい限りです。もちろんどんな話が飛び出すかは、その瞬間まで誰も分からないのですが、僕もギターや歌で合いの手を入れますし、雰囲気を感じ取ったピアノ伴奏者が盛り上げてくれたりもしました。それはほんのきっかけで、そこから事実の報告というよりは、現実とも空想ともつかないファンタジーが創作されて発展することもありました。まさに**歌心が作るドラマ**というべきでしょう。

　ギターをポロンポロンとかき鳴らすことで、対話の緊張感が和らいだり、筋を追わない気軽なおしゃべりが生まれ、心の内を表に出すはずみがついたりするのです。おしゃべりしたことが歌になっていったり、演奏したことでイメージが拡がり思いつきの創作話に発展したりもできるでしょう。
　次の３曲は、こうしたセッションを振り返りながら、支援者のピアノのその時々のフレーズを形としてまとめたものです。音楽的展開の一つのアイデアとして試してみてください。

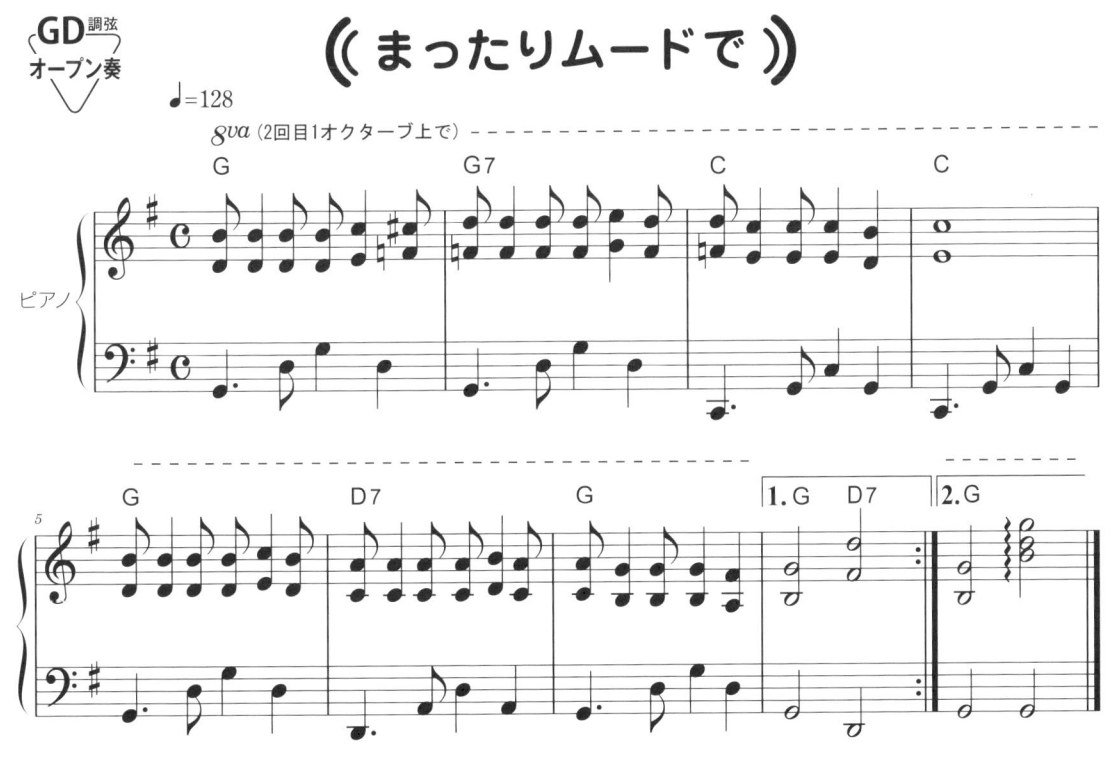

Part **B** 「ギター・セラピー」への活用

《○○ちゃんがやってきた》

GD調弦 オープン奏

*大好きな友だちや恋人を思い浮かべられるような浮き浮き気分をかきたてるように。
*左手は弾んだ感じで弾くとカッコイイ。
*何回か繰り返し、右手を1オクターブ上げて弾くと盛り上がる。

《まったりムードで》

GD調弦 オープン奏

step 14 「オープン奏」のミュージシャン

> *コードごとにペダルを踏んで、符点四分音符に重みを付けて、ハバネラのイメージで弾く。
> *南の島でトロピカルジュースを飲んでいるような気分、
>   白い波や青い空と海風を感じるような浜辺でのまったりしたムードが演出できれば最高。

《 困った困った 》

（GD調弦 オープン奏）

ピアノ 〔楽譜〕

　あんまり楽しい話ばかり出るので、わざと「困ったことはなかったの？」と大げさに不安そうな響きで呼び掛けたりもしました。これには本当に困り顔はてたようで歌も言葉も出ず、一所懸命考えた挙句、「ありません」の一言で終わりました（笑）。

> *弾き方は自由自在で、ペダルを踏んでゆっくり弾いたり、アッチェレランド気味に焦った
>   感じを出したりする。
> *低音部で恐る恐る弾くと不気味な感じにもなる。
> *両手で弾いたりリズム変奏をしたり、アルペジオで弾いたりしても雰囲気が変わる。

❷ ノリとムードを極めよう！

　さて、実際の言葉を伴ったおしゃべりではなく、**ギターとピアノの音のやり取りによる対話**もあります。お互いが探り合うようにやり取りをはじめ、だんだんと一つの音楽のムードを作っていったり、ギターによる曲想の表現やニュアンスを引き出して展開していったりするのも楽しい活動になります。

　どこから始まるとか、どう展開するとかいうことは決めておかなくても、お互いがお互いを探り、感じ合える部分を大切にしていけば、自ずと形になってきていきます。

　言葉はなくても、楽しいやり取りが続き、たくさんの真顔と笑顔が生まれることでしょう。

「ノリ」が命だ、リズムをキメよう

　次の3曲は、1対1の個人での音楽活動にも、小グループの活動にも有効です。またギターをメインにしていますが、他のパーカッションも適宜織り交ぜるなどして、お試しください。

　パーカッションを加えて自由に使って合わせるような活動では、無作為に並べておいてはいけません。音量や音色を配慮し、仮に全部鳴ったとしても全体の雰囲気を壊すことのないよう気を付けてください。

GD調弦 オープン奏

《 ロックンロール 》

♩=158

*右手のパートは鍵盤ハーモニカでもカッコイイ。その場合は1オクターブ上げずにそのままで。
*たたみかけるように、ギターを巻き込んでいく感じで。

《ハウスミュージック風》

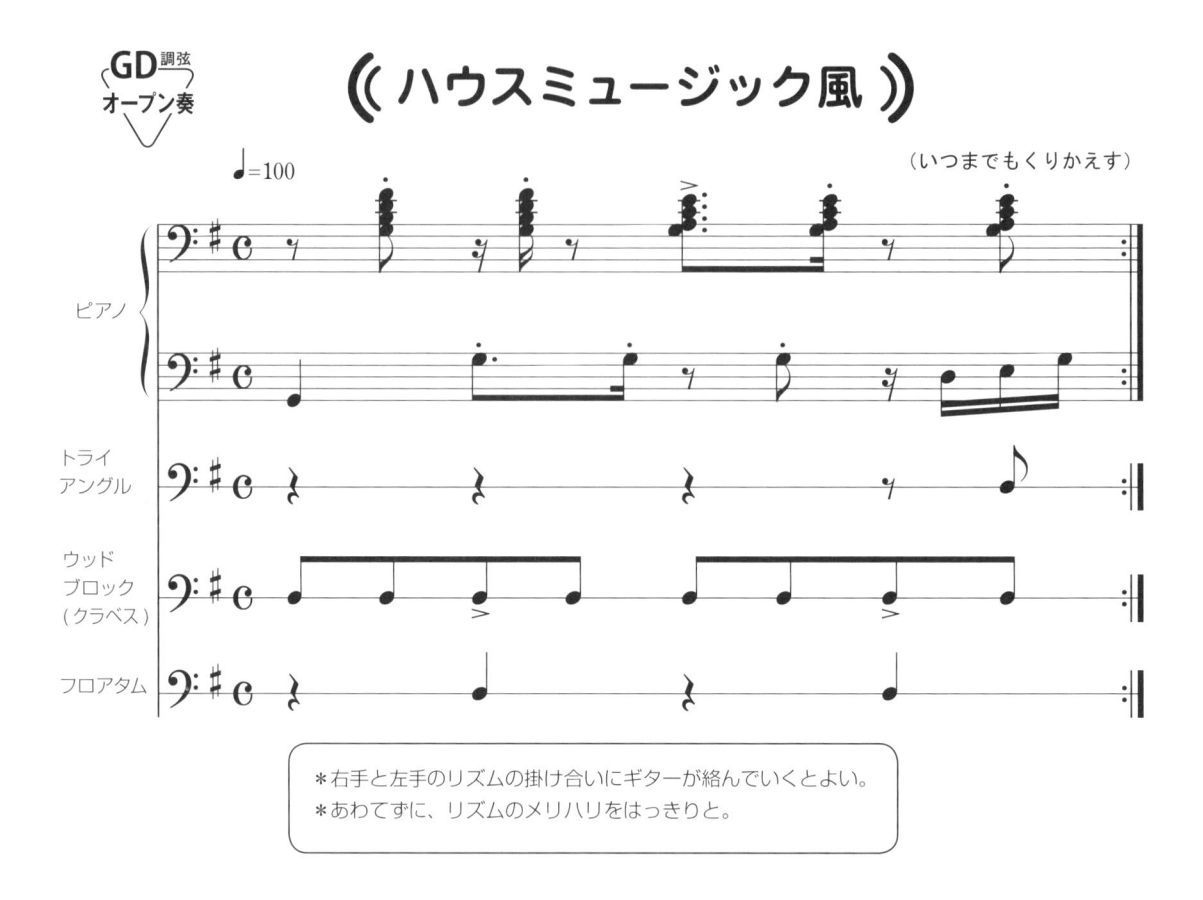

GD調弦 オープン奏　♩=100　　　　　　　　　　　　　　　　（いつまでもくりかえす）

- ピアノ
- トライアングル
- ウッドブロック（クラベス）
- フロアタム

*右手と左手のリズムの掛け合いにギターが絡んでいくとよい。
*あわてずに、リズムのメリハリをはっきりと。

《Jポップ風》

GD調弦 オープン奏　♩=120

- ピアノ
- ベルor鉄琴
- 段ボール箱（バスドラム）
- 小太鼓or手拍子

> *ギターとピアノでも楽しいが、ほかのパーカッション類も効果的。
> *お互いのノリを探りながら、だんだんと調子をつかんでいく感じで。

どれもこれもギターでノッていこう、という感じ。

楽譜上ピアノは同じことの繰り返しですが、どんどん盛り上がっていけるのでそのつもりで弾いていってください。演奏するメンバーから自然に声が出てくるような感じであれば大成功です。

「ムード」たっぷり、「〜らしさ」を大事に

リズムや"ノリ"ということだけでなく、情緒感を味わって演奏することも大切です。かんたんギターの開放弦は、ブルースや民族音楽にも自然に溶け込みます。

こうしたムードが感じ取れる音楽では、ギターの方も自然に弾き方が変わっていきます。

次の曲では、ピアノで音楽の情感を作ってギターを誘ってください。ギターでもきっと普段とは一味違うニュアンスが表現できたりするでしょう。

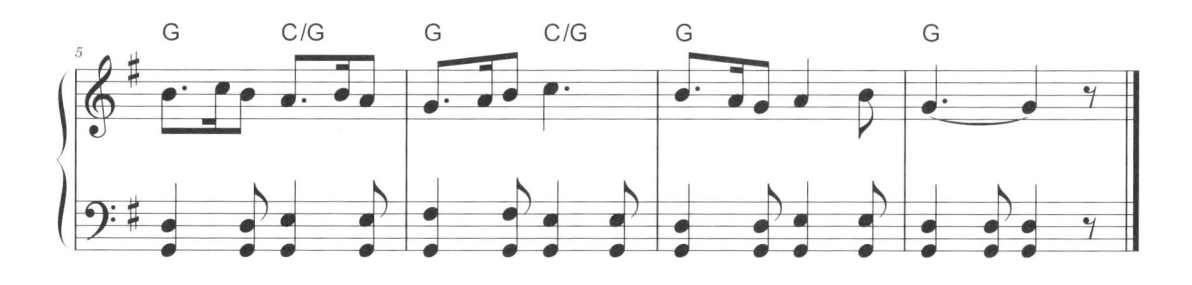

《シチリアーノ風》

シチリアーノは17〜8世紀の
シチリア起源のダンス音楽

GD調弦 オープン奏

> *符点のリズムが特徴だが、強調せず、軽やかに。
> *ギターの響きを受け止め、重なりを感じながら弾く。
> *牧歌的で、奏でていて癒されるようなムードに浸れれば最高。

《 沖縄風 》

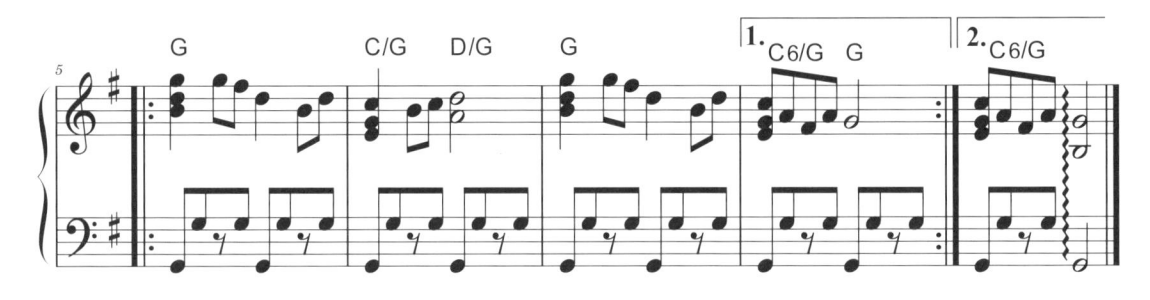

* ゆったりとした沖縄の島歌を感じながら。
* 左手の音をよく聴いて。ピアノの左右の音の間に、ギターの音が気持ちよく入る空間を作るというイメージで。

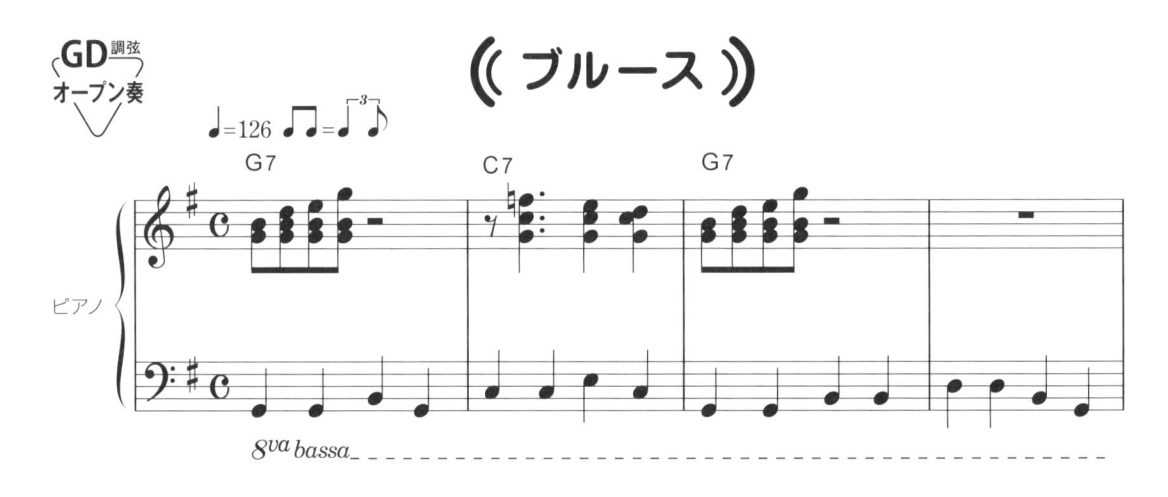

《 ブルース 》

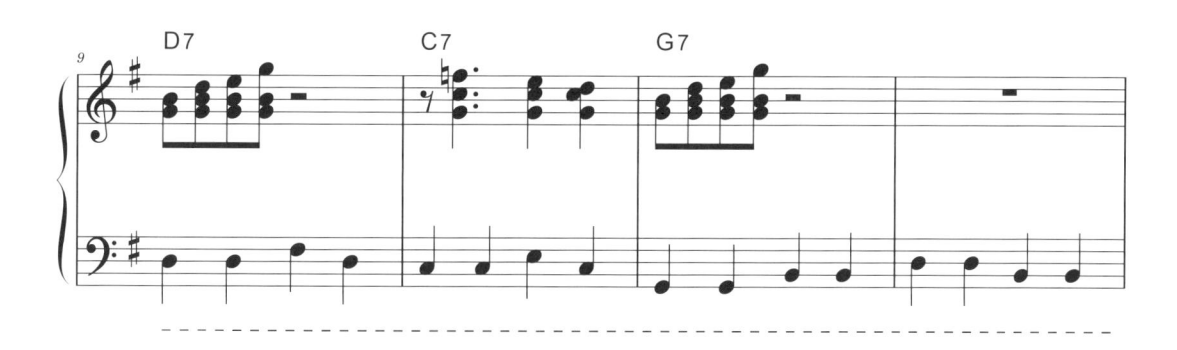

Part **B** 「ギター・セラピー」への活用

* 右手は休符を大切に。休符でリズムを作るよう意識をすると良い。
* 特に8分休符の後の付点4分音符に的を当てアクセントをつけるとカッコ良く演奏できる。
* 左手は2拍目4拍目に重みを乗っけるようにアクセントをつけると良い。4分音符を充分に感じてたわむように。短くならない方が4ビートのバウンスが出しやすい。

step 14 「オープン奏」のミュージシャン

《 ボサノヴァ風 》

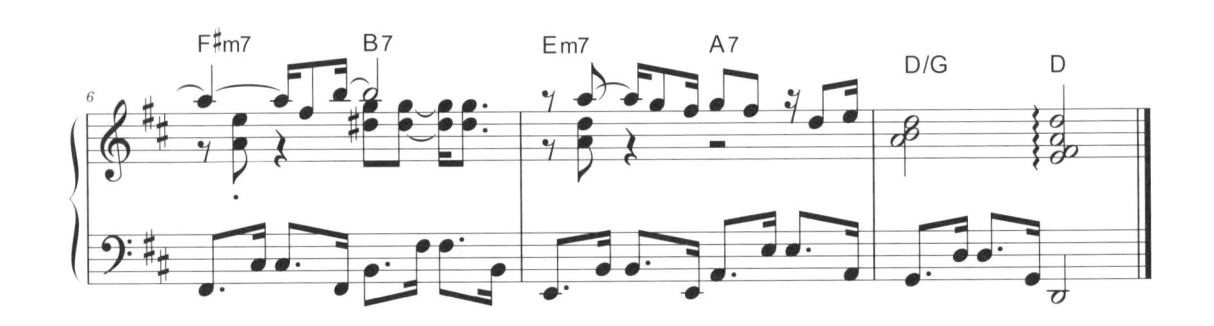

* 気だるさを感じながら開放的に。ギターはナイロン弦の方が雰囲気が出る。
* 16ビートの刻みに音を置いていくように。
* 右手のメロディーは鼻歌を歌うように
* 左手は音の跳躍でスペースを出すように。フレーズを大きく感じると良い。

Part B 「ギター・セラピー」への活用

《 盆踊り風 》

GD調弦
オープン奏

* 日本の盆踊りは誰しもイメージがあると思う。輪になって踊る光景を思い浮かべて。
* 左手は和太鼓を打つように。
* 左右のリズムが合う時は、みんな（ギター）と一緒に手を打つように。
* 右手に、おなじみの炭坑節のメロディーを乗せていってもよい。

step 14 「オープン奏」のミュージシャン

step 15

バンドでライブしよう

　ギター奏は「カッコいい」が一つのキーワードです。そのカッコいいギター奏をナマで聴衆に観てもらう晴れ舞台が大切。こうした場を踏むことでさらにカッコ良さが増すものです。

　ここに挙げた3曲では、3〜5人（もっと多くても構わない）のメンバー全員がギターを持ち、ビートをそろえて演奏します。これを大小さまざまなホールやライブハウスのステージで発表してきましたが、見る人を魅きつけ大好評でした。聴衆と一体になれるライブの会場という場が、ギターをいっそうカッコ良く見せ、声援と喝采を浴びて演奏者もますますカッコ良くなります。
　人数の多いグループでは、ギターだけでなく、パーカッションを取り入れて工夫すれば一緒に楽しく演奏できます。

GD調弦 オープン奏

（（ レジェンドキース ））

　この曲は、障がいのあるメンバーが中心になって活動しているバンド「ゴレッツビー」のオリジナル曲です。
　僕を含めた4人がギターを思い思いにギターを奏でるうちにビートがそろってきて、これに触発された鍵盤ハーモニカがメロディーを奏で、そこにギターがまた音を重ねていく、という展開で出来上がった曲です。
　タイトルの「レジェンドキース」とは、この曲想からイメージを得たメンバーの一人が、テーマパークのスペイン村でのイベントを連想して命名したものです。

> ＊ドラマチックに
> ＊冒頭からの左手のリズムを大切に。
> ＊スタッカートは軽く、タイはよく感じて、パターンが崩れないように。
> ＊鍵盤ハーモニカのメロディーをよく聴き、最初は少し緊張感を保って。
> ＊32小節目からは、情熱的に盛り上がる。和音も響かせて。

Part B 「ギター・セラピー」への活用

作曲　ゴレッツビー

ドラマチックに
♩=126

鍵盤ハーモニカ

ピアノ

step 15
バンドでライブしよう

116

Part B 「ギター・セラピー」への活用

step 15 バンドでライブしよう

《雨しゃんしゃん》

　これも「レジェンドキース」と同じような手法で生まれました。

　曲作りに取り組んだ時は、すでに「レジェンドキース」を仕上げた手応えもあって、初めからイメージを「沖縄風」に決めておいて、みんなで音を出していきました。楽しく音を探っているうちに偶然雨が降り出してきて、その瞬間にタイトルが決まりました。

　「レジェンドキース」同様、言葉の意味よりは「雨しゃんしゃん」という響きやリズム感、手触り感、温度・湿度などからくるイメージを表現したものです。

> ＊左のリズムは軽やかに、はずむように。
> ＊同じパターンが長く続くが、リズムが崩れないようにテンポを保つ。
> ＊中間部（25小節目から）は、音色の変化をつけて、メロディーに溶け込む。
> ＊力を抜いて流れるように歌って。
> ＊後半（37小節目以降）はどんどん雨が降り込む感じで、勢いよく賑やかに。

作曲　ゴレッツビー

Part **B**「ギター・セラピー」への活用

step **15** バンドでライブしよう

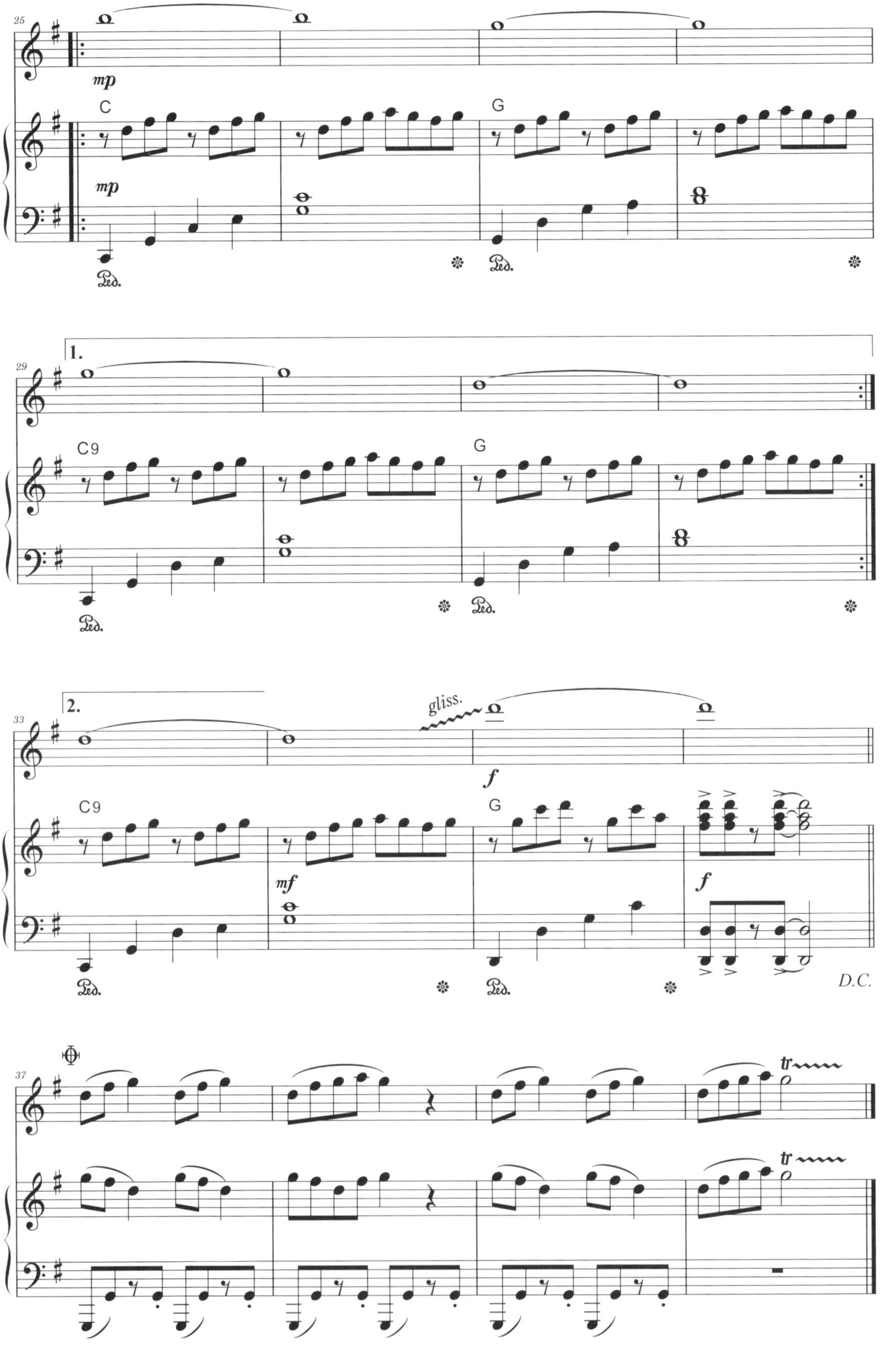
25
mp
C
mp
Ped.
G
Ped.
1.
29
C9
G
Ped.
2.
33
gliss.
f
C9
G
mf
f
Ped.
D.C.
37
tr

《イン・ザ・ムード》

GD調弦 オープン奏

ビッグバンドの雄「グレンミラー楽団」の代表曲です。

若者5人のメンバー全員がギターでリズムを刻むのですが、初めはイスに座って生真面目にジャンジャンやっていたところ、ある時から"ノリ"を体得し、身体をスイングさせ、カッコ良くスタンドプレイするようになりました。

> ＊ビッグバンドをイメージして華やかに。
> ＊ギターの音色を引き立てるために、ピアノ右手は1オクターブ高く設定してある。
> ＊アクセントやスタッカートをきちんと強調する。
> ＊グリッサンドをタイミング良く決める。
> ＊細かい点はその時々で自由に。一貫して"ノリ"を大切に。
> ＊間奏部分（18～29小節）はギターをフィーチャーして、スタンドプレイを促すとよい。

作曲　J.C.ガーランド

step 15　バンドでライブしよう

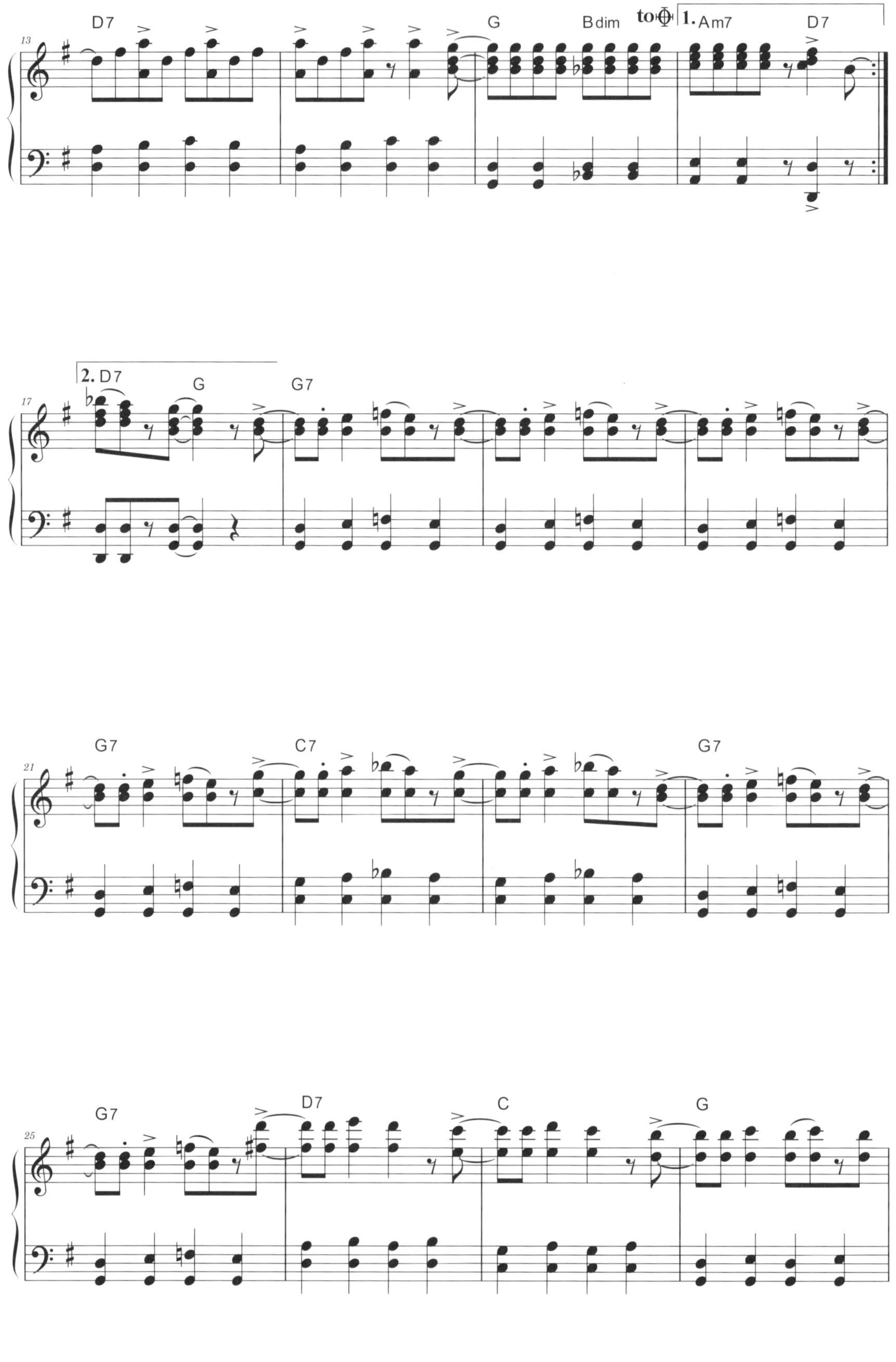
13
D7
G
Bdim
to Φ
1. Am7
D7
17
2. D7
G
G7
21
G7
C7
G7
25
G7
D7
C
G

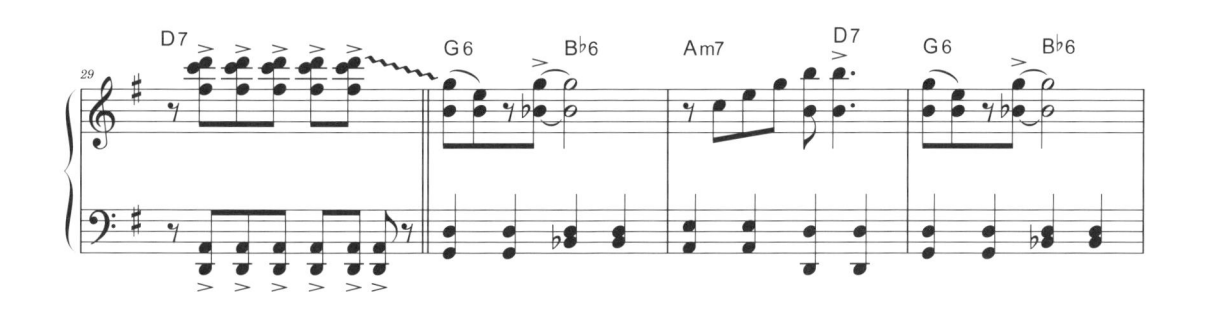

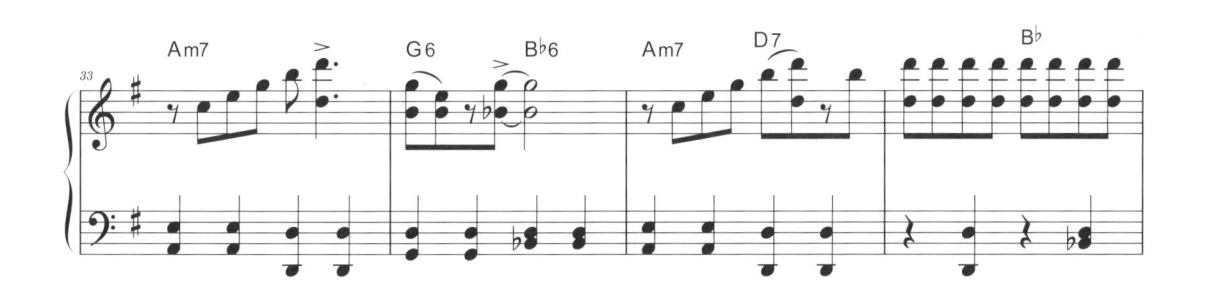

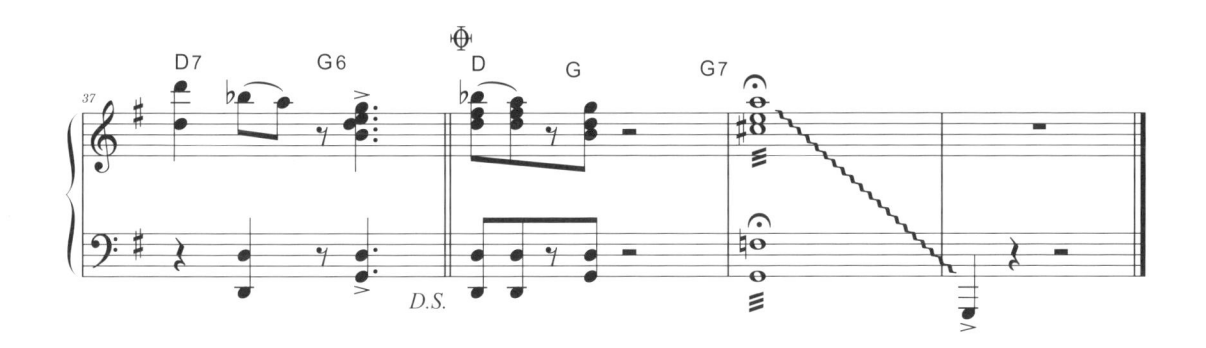

IN THE MOOD
Music by Joe Garland
© Copyright 1939 & 1960 by SHAPIRO, BERNSTEIN & CO., INC.,New York. N.Y., U.S.A.
Rights for Japan controlled by Shinko Music Entertainment Co., Ltd. Tokyo
Authorized for sale in Japan only

step 16 ギター・セラピーとは

1. ギターとセラピーをつなぐもの

（1）かんたんギター奏を生み出したのは彼ら

　僕自身はフォークブームの渦中にあった学生時代にギターを手にして、音楽が人の思いを受け留めたり自分の気持ちを表現するものだということを体感してきました。教員として障がいのある子どもたちの前に立った時も、ギターを抱えていっしょに歌うことを楽しみました。ギターが表面的なことではなく心の底から人と人をつなぐものだという実感の延長に、音楽療法への道も開けました。

　僕の音楽のオアイテとなる対象者のみなさんがもしギターを弾き始めたら、という思いは絶えずありましたが、その手立てが見つかりませんでした。「やっぱり彼らにギターなんて難しい」という呪縛からまだまだ逃れていなかったのです。

　「GD調弦」と出会い、「かんたんギター奏」の実践を始めてみて印象に残ったのは、本書で何度も「カッコいい」と指摘してきた彼らのギターを抱え爪弾く姿です。引き込まれるように僕もギターを奏でていきます。満ち足りた共有の時間を振り返ってみれば、彼らはすでにギターを弾くことへのスタンバイが整っていて、僕がチューニングを工夫してギターを持ち込むのを、せかせることはなく、ひたすら期待感を持って待っていてくれたのではないかということです。

　もちろん対象者の方はさまざまです。
　ギターを眺めつくした後いきなり抱えるとジャガジャガジャガーッ！と激しくかき鳴らし、満足の笑顔（滅多に見せない）。それは一見音楽とも呼べないエネルギーの発散にも見えるかもしれませんが、ギターであればこそカッコいいし、容易に彼に応じることができるのも、あの「GDの1度と5度の響き」だからこそです。
　しっかりとビートを刻んで合奏の中心になってギターを奏でた人もいます。GD調弦のギターサウンドがアンサンブルの芯になっているのです。彼女はそれまでこのような力強いビートを表現したことはなく、僕は目を見張りました。若干麻痺があって動きにくい手や指なのですが、彼女の心がギターサウンドにビートを与えているのだとわかりました。
　そして、ただ開放弦を鳴らすだけの人たちのほとんどが、異口同音に口にしたのが、
　　　「わ・た・し　が　ギター　弾けてる～っ！」　みたいな歓びでした。

一気に水面上に現れ出てきたようなみなさんの音楽する心と身体は、僕の意図や思いを超えていました。僕は、楽器のチューニングを工夫して変えたにすぎなかった。ところがこれをきっかけに、ギターとそこから生まれたギターサウンドを挟んで、僕とみなさんのお互いの間柄がこれまでとは違う波長にチューンアップされるプロセスが始まったのです。みなさんはギターを武器に、感性と身体を含む人間関係をチューニングし始めてきたのです。

　さらに言えば、ひそかに心のうちに潜ませていた「ギターを弾きたい」という思いが、いわば声なき声になって僕を調弦の工夫に駆り立てた、と言えるのかもしれません。彼らが求め続けていたからこそ、説明も指導もなくただギターを提示するだけなのに、あちらでもこちらでも目を見張るようなギター奏が生まれてきたのに違いありません。

（2）チューニングを合わせる

　僕はギターを調弦し直して彼らのところに持ち込みました。そこでは、ギターとギターサウンドを介して彼らのミュージックスピリッツが立ちのぼり、それが僕を駆り立てました。GD調弦との出会いは、まさに心の深いところで音楽を響き合わせることの新たな発見につながったと思います。

　音楽療法士であれ、教師であれ、ほかのジャンルのセラピストや支援に携わる専門職種であれ、場面によっては教え導くというスタイルを取ることはあるにせよ、本質は対象者への支援活動そのものです。人に合わせる、場や状況に合わせる、ということは対人支援のキホンのキです。たとえば、ギターを抱える彼らの身体を取り巻く人々が、彼らの発するシグナルや音に、支援者としてのセンサー（チューナー）を目覚めさせ、彼らの声をギターサウンドを聴きとろうとするなかで、自らのチューニングのシステム（思考ワク組や感性のパターン）を調整する。つまり**セラピーとは、支援者が、対象者の感性と身体に向き合いながら、自らのチューニング法を試行錯誤し、チューンアップし（調和し同期し）ていくプロセス**と考えられます。彼ら自身が湧きあがってくれば、セラピスト（支援者）はもはや黒衣であってよいでしょう。チューナーは演奏が始まれば必要ないのと同じように。

　ピアノやハープや管楽器や多くの楽器の調律は、楽器が製造された時点ですでにワク組が決められていてそれを受け入れるしかありません。つまり演奏者はその音律システムに自分を適合させるための努力が強いられるのです。
　でもギターは違います。レギュラーチューニング以外の変則チューニングがギターではそれほど珍しいことではありません。僕が調弦を変えてギターを持ち込んだのも、そこから始まる心と体や人間関係に及ぶチューンアップのプロセスに思いが至るようになったのも、ギターは調弦が演奏者に委ねられた楽器だからこそ起こりえたことなのです。チューニングは、セラピー

に不可欠である。そしてそれを可能にする楽器ギターを、セラピー楽器と位置づける勇気を僕はこの時に得ました。

　僕はだんだんと方法的な自覚を持って**ギターをセラピー楽器とし、音楽活動のメインツール**の一つとして**「かんたんギター奏」**を実践するようになりました。そうすると、わずか1か所の押弦でコードのGが響くことも、単音のメロディーに他の弦を合わせれば素晴らしいギターソロになることも分かりました。

2．かんたんギター奏からギター・セラピーへ

（1）ギターを弾く歓び

　かんたんギター奏を導入すると、あちらこちらで次のようなことが起こってきました。

　　　ギターを弾き始めて日々の楽しみを見出した人がいるし、
　　　それまで滅多に自分を表現しなかったのに、
　　　　　ギターに接してからは生き生きと演奏するようになった人がいるし、
　　　それまで安定しなかった座位が、ギターを楽しく弾いているうちに
　　　　　しっかりと取れるようになった人がいるし、
　　　どちらかと言えば無口なのに、
　　　　　ギターを抱えて楽しげなおしゃべり（即興弾き語り）をするようになった青年もいる。

　かんたんギター奏で、この数年の間に僕と仲間の音楽活動家たちは、そんな姿をいくつもいくつも見てきたのです。

　いろんな楽器を使って音楽をする。楽しくもあり、自分自身へのチャレンジする気持ちも生まれます。そうした活動を通して心や体の健康が良い方に向かうのは当然です。ギターがそんな楽器の一つだというなら、それは**ギターを使ったセラピー**と言えます。
　しかし、僕が思いっきり強調したいのは、そのことではないのです。
　他の楽器で容易には起こらなかった「やってみたい」というギター奏へのポジティブな気持ち、
　　　　自分で勝手にギターをかき鳴らして生まれてくるサウンドの手応え、
　　　　　そこに自ずと現れるカッコよさ、
　　　　　　周りの人の「カッコいい」という声かけやまなざしを受け止める心地よさげな表情。
　そういうもろもろの出来事は、「ギターでなければ」流れるように湧き起こってきません。

それらをひっくるめて**「ギターを弾く歓び」**と呼ぶことにします。

かんたんギター奏を導入以降、僕の周りでたくさんの人が見せてくれた姿は、まさに「ギターを弾く歓び」にあふれ、**「ギターを弾く」ことがセラピーそのもの**という実感がわいてきます。

以上のことをまとめて言えば、ギターを弾く歓びを味わうことは、
●ギターを奏でる心地よさと懐に響くサウンドの魅力に惹かれて
新しい自分と出会ったり、今まで眠っていた歌心が湧きあがってきたりすること
（自分自身の心と身体の相互作用）。
●ギターを弾くカッコよさ（サウンドを含めたその姿）で周りの注目を浴び
ヒーロー・ヒロインになったことを自覚する（自分と周りの人との相互作用）。
という、二つの面を同時に体験していくことなのです。

（2）ギターはカッコいい、ギターは身近

年代やジャンルを超えてギターはポピュラー音楽の花形です。誰でもがギターを弾く姿のカッコいいイメージがしっかりとあるでしょう。憧れのスターだとか、アイドルとか……。

それにギターを弾くのは、何もプロのミュージシャンや特別に習った人ばかりじゃない。家族や近所の誰か、学校の友だちや先生、もちろんみんながうまかったわけじゃないけれど、楽しそうでうらやましかった。そんな思い出が誰にでもある。ギターは決して敷居の高い楽器ではありません。

ですから、僕がギターを持ち込むと、お年寄りの方でも、照れくさそうにはすることはあっても、拒否されることはありませんでした。

ピアノ、トランペット、バイオリンなど魅力的な楽器は数々ある。でも、他の楽器では、ギターほど気軽に手が出ないし、音も出せないのではないでしょうか。

（3）身近でちょうどいい大きさと形

ギターが身近、と言いましたが、これは文字通り、身に近寄せて奏でる楽器です。

おとなの人が自然に抱えるのにちょうどいい形と大きさで、弾くと、身体とギターが一つの共鳴体になって音が生まれてくる、その一体感が大きな特長です。

他の楽器を思い浮かべてみても、これほどまでに体と接触する面積の割合の高いものはないのでは、と考えます。ギターは演奏する人の気分と一体になりやすい。歌いながら、楽しくなれば、体を大きく揺すったり、場合によっては、踊ったり、走ったりしても演奏できる。当然、ギターサウンドもその気分を伝えてくれる。身に近寄せる楽器だからできることです。

ギターを抱えて弦をはじくと、弦が振動し、それがボディに伝わって共鳴音として拡がり、ギターサウンドとなる。奏者はもちろん、聴き手と同じようにそのギターサウンドを耳でも聴くわけですけど、その前に自分のふところで、すでにギターの響きを受け止めているわけです。

（4）ギターの大きさのヒミツ

　ギターを抱えると、自然に歌いたくなります。レクリエーションや音楽療法の現場にギターを持ち込むと、必ずと言っていいほど、自分から歌い出す人がいます。

　楽器の大きさは、その楽器が出せる音の高さと直結しています。つまり図体の大きい楽器は低音を出し、高い音を出す楽器は小型だということです。抱えるにちょうどよい大きさのギターから出る音は、人の声ともちょうど合っています。ギターが弾き語り楽器の代表的な存在となるのも当然のことでしょう。

　いいや話は逆で、人は弾き語りをしたいために、ちょうど良い大きさで懐に抱えるギターを作り、これを抱えて、いつの時代にもそれぞれの心の歌を歌い継いできたのに違いない、そう思います。

3．ギター・セラピーの必要性

（1）ギターを弾くことの意義

　ギターを弾いて楽しんだり、自分の表現の幅を広げたり、人との交わりを深めたり、そういうことを自分でやる人はたくさんいます。たとえば、自分からギターを求めて、先生に習ったり、気に入ったアーティストのコピーをしたり、自分なりに好きなように弾いたりもするでしょう。そういう人にはわざわざ特別に支援が必要なわけではありません。

　しかし、
　　　若い頃ギターにあこがれながら、さわる機会もないまま年を取り、
　　　　　今やギターを弾くなんて自分も周囲の人も考えなくなってしまった高齢の方々、
　　　ギターが好きなのは目に見えて分かるけれど、
　　　　　弾けるはずもないような知的障がいのある人たち
　　　何かやってみたいんだけど、自信はない、と戸惑いが先に立ってしまう人々
　　　あるいは、まったくこれまで音楽に見向きもしなかった人々、

　そういう人たちが、実際にギターを抱え、ごくごく気軽にかき鳴らしてみれば、その人の心の中に、そしてその人を見守る周りの人々の間で何かが起こってくる。
　そういうことを実際に、僕は間近で見続けています。
　ギターを抱えてみて、周りの人に「カッコいい」と評価されるうちにその気になって、だんだん自信も出てくる。あれこれ試すうちに、本当にカッコいいサウンドが生み出されてくる。
　これは、どこででも簡単に起こってくることですので、誰かがかんたんギター奏の意義を十分に踏まえ、ギターの楽器としての特性も知り、ギターを弾くことなど考えも及ばない人にギター奏を届けてもらいたいわけです。
　その実践者、いわばギター・セラピストに、あなたもなってもらいたいのです。

（2）ギター・セラピーの定義

ちょっと堅苦しい表現になりますが、ギター・セラピーを定義しておきましょう。
ギター・セラピーの実践者を「ギター・セラピスト」と呼ぶことにします。

> 「ギター・セラピーとは、ギターでなければ味わうことのできない演奏する歓びに導かれながら、新しい自分自身に目覚め表現する対象者と、それを支援し協働するギター・セラピストとの相互交流的な活動のプロセスである。」

つまり、自分の心身、あるいは置かれた環境のいろいろな問題や制約もあって、ギターを弾くことなど考えてこなかった人にも、ギターを弾く歓びを味わってもらい、楽しみながら、感情を発散したり表現を高めたり深めたりする、そのためのサポートをしていこう、ということです。対象者はどなたでもよいのです。

（3）ギター・セラピストの役割

ギター・セラピストはどんな役割を果たせばよいのか、まとめてみました。
ギター・セラピストは、

> 1）対象となる人の琴線にチューナーを合わせることのできる調律者（チューナー）であり、
> 2）その人の言葉にならない思いを音楽で代弁しまとめる作曲者（コンポーザー）であり、
> 3）そのサウンドを音に表し、共にいつくしむ共演者（プレーヤー）であり、
> 4）ギター奏がフィーチャーされる機会と場面を作る演出者（ディレクター）であり、
> 5）さらには、演奏の晴れ舞台を設える製作者（プロデューサー）であり、
> 　つまり総括的に言えば
> 6）ギターを手にしなかった人がギターを弾くためのあらゆる面での支援者（サポーター）、
> 　ということになります。

ギター・セラピストは、ギターを心地よく弾いてもらえるように準備しないといけませんが、かんたんギター奏の基本を理解していれば、何もギター演奏家である必要はありません。ピアニストやドラマーも大歓迎。学校の先生や介護のお仕事に携わっているスタッフの方々、みんなギター・セラピストの役割を果たせます。

大事なのは教えるのではなく、一緒になって楽しむことです。

音楽療法、障がい児教育、種々のサークル活動やレクリエーション活動、あるいは学校の音楽科などでは、ギターの活用が以前からも求められていました。
かんたんギター奏を使えば、素敵なギター・セラピーが始まる、そう確信しています。

おわりに 次なる Part C の始まりに向けて

　「かんたんギター奏」は、その特徴を一言で言えば、**開放弦の響きを最大限に活用したオープンギター奏**です。

　本書では、GD 調弦を基本としていて DA 調弦は補助的な扱いでした。ですが、実はこの DA 調弦も汲めば汲むほど魅力がにじみ出てきます。この 2 つのチューニング法のほかにも、純正な「完全 5 度」を響かせるチューニング方法はいくつも考えられます。同じコンセプトでも異なるチューニングを使えば、また別の面白いことができるようになるでしょう。

　それに本書の内容を手がかりにかんたんギター奏を導入してもらったとしても、**途中からは思いもかけない展開が起こる**こともままあります。

　つまり、本書で提示したかんたんギター奏は一つのきっかけであり、そこから新たなギター奏が生まれていく出発点にすぎません。そういう**開かれたギター奏法である**という意味でもかんたんギター奏は**オープンギター奏**なのです。

　僕が方法的な自覚を持ってかんたんギター奏の実践を重ねるようになってから、7 年ほどが経過します。その間のかんたんギター奏者の生き生きした姿とこれに共感する称賛のまなざしによって、僕は「かんたんギター奏」から「ギター・セラピー」への歩みを本書のような形にまとめ上げることができました。そこに居合わせてくれたすべての人に感謝し、これからもギターを弾く歓びの輪を拡げ、いっそう深めていきたいと思います。

　Part A と Part B の内容は、すべて実践の中から生まれたものですが、僕一人でやってきたわけではありません。ふだん音楽活動でご一緒するピアノの生駒牧子さん、上村直子さん、安田陽子さんには、本書を作るにあたって協力以上の貢献をしていただきました。また早い段階からかんたんギター奏を中核に据えて実践を重ねる音楽療法士の本間知子さんや、ギターでさまざまな人の音楽活動をサポートする四ツ田靖さんとの交流は、本書をまとめる上でも大きな励みにもなりました。さらに長年僕の実践を温かく見守ってくれる音楽家の片岡祐介さんには、今回も惜しみない支えとアイディアの提供をいただきました。そして僕の実践がこのような形でまとまるには、あおぞら音楽社の北島京子さんが出版を引き受けてくださらなくては、到底あり得ないことでした。

　多くのすぐれた仲間に支えられて形になった Part A・Part B に続く Part C は、本書が終わったところから始まります。本書がきっかけとなって、皆さんのアイディアに満ちた Part C があちこちの現場から付け加えられていくことを願ってやみません。

2011 年 8 月

吉田　豊

吉田 豊（よしだ・ゆたか）

ギター・セラピスト
日本音楽療法学会認定音楽療法士

　三重県出身。慶應義塾大学経済学部に在学中、絶頂期にあったフォークソングのメッセージ性に激しく揺さぶられ、ギターを弾き始める。

　1973年に同大学を卒業後、伊勢市教育委員会勤務を経て、大阪府内の聾学校、三重県内の養護学校や小・中学校教諭として障害児教育にあたる。障がいのある子どもたちにギターで歌いかけることから音楽活動を開始。その間、三重大学教育学部特殊教育特別専攻科を修了。

　26年間の学校教員を経て、2000年よりフリーの音楽療法士となる。2005年に三重大学大学院・教育学研究科（音楽教育専修）を修了。「かんたんギター奏」を創始し、2004年頃から音楽療法やバンド活動で、さまざまな対象者のギター奏を実現させてきている。

　村井楽器（三重県）音楽療法教室講師・松阪市巡回教育相談員を務めるかたわら、子どもからおとなまでのギターを使った音楽療法個人セッションやグループ・セッションを展開している。

　日本音楽療法学会認定音楽療法士、同学会評議員。著書に『ぼくらはみんなミュージシャン～知的障害のある人々との音楽活動の記録～』（2002年音楽之友社）

開放弦でできる　実践ギター・セラピー
かんたんギター奏で始めよう

20011年9月20日　　第1刷発行

著　者　吉田 豊
発行者　北島 京子
発行所　有限会社 あおぞら音楽社
　　　　〒136-0073 東京都江東区北砂 3-1-16-308
　　　　電話 03-5606-0185　　FAX 03-5606-0190
　　　　http://www.aoisora.jp/　　E-mail info@aoisora.jp
　　　　振替 00110-3-573584

●カバー装幀・本文デザイン・図版・イラスト・DTP／中村デザインオフィス
●表紙装画＆本文扉絵(p.7, p.95)／トウフクロ（沢田 妙）
●楽譜作成／吉田 豊　　楽譜データ制作／槇 智子
●刷版・印刷・製本／株式会社シナノ パブリッシング プレス
JASRAC 出 1110807-101

乱丁・落丁本はお取り替えいたします。
※この本の一部または全体を無断で複写(コピー)することは、法律に定められた場合を除き、著作者および出版社の権利侵害となります。あらかじめ小社に承諾をお求めください。

©2011　Yutaka Yoshida
Printed in Japan
ISBN978-4-904437-07-0 C3073　　　　定価は表紙に表示してあります。

あおぞら音楽社の本

耳からウロコ！ 面白CD付の「すぐにできちゃう」音楽の実践書

音楽して笑おう

音楽ってどうやるの
ミュージシャンが作った音楽の教科書
CD付

なんちゃってマンボ

B5判　144頁　譜例・図版多数
CD付　2,381円(本体)＋税

音楽の「演奏」「即興」「作曲」の3つを中心に
すぐ使える音楽のやり方を紹介します

五線譜が読めなくてもOK！
世界中の音楽も、即興も、作曲も、
簡単にできてしまう「魔法のレシピ集」

「なんちゃって雅楽」から「なんちゃってジョン・ケージ」まで
31種のなんちゃって音楽が大好評！

NHK教育TV音楽番組「あいのて」出演のあいのてさん

野村誠＋片岡祐介
（作曲家・即興演奏家）　（打楽器奏者・即興演奏家）

Ⅰ 演奏の章「なんちゃって音楽」
民族音楽・ポピュラー音楽・
西洋音楽史を実習

Ⅱ 即興の章「どうなるかな音楽」
グループで行う即興の音楽あそび
10種を紹介

Ⅲ 作曲の章「できちゃった音楽」
グループで行う共同作曲から
5種を紹介

Ⅳ 楽器の章「なるほど楽器事典」
魅力・選び方・お薦め奏法・
メンテナンス・マメ知識

なんちゃって音楽・35種
（なんちゃってアラビア、
なんちゃってショパン etc.）

即興演奏のためのアイデア集
（リズム・身体運動・ハーモニー）

即興セッションのためのヒント集
（個人セッション・集団セッション）

セッション・17のエピソード

音楽大学・音楽療法科の
教科書として使われています

CDで聴く！
音楽療法のセッション・レシピ集

即興演奏ってどうやるの

野村誠＋片岡祐介

即興演奏は誰にでもできる！
大胆に、シンプルに、多様に、
音楽の核心と即興のやりかたを紹介した本
著者2人のピアノ演奏が楽しめます！

なんちゃってジャズ

B5判　136頁　譜例143点　65分CD付　2,381円(本体)＋税

必ずラポールが築ける
『50のリズム歌あそび』
特別支援学校・個別支援級・施設・家庭でできる「リズム運動療法」

城谷敬子・大上和成

感覚統合の視点から、情緒・感覚・社会性の発達を楽しく
サポートするリズム運動療法。50のオリジナル教材を紹介。

B5判　144頁　本体1,700円＋税